Fritz Heinrich Lotterfuchs

Hilfsbedürftige helfen mehr

Nachromantische Konstellationen von Kunst und Philosophie

FSC
www.fsc.org
MIX
Papier aus verantwortungsvollen Quellen
Paper from responsible sources
FSC® C105338

Fritz Heinrich Lotterfuchs

Hilfsbedürftige helfen mehr

Nachromantische Konstellationen von Kunst und Philosophie

Bibliographische Information Der Deutschen Bibliothek:
Die Deutsche Bibliothek verzeichnet diese Publikation
in der Deutschen Nationalbibliographie; detaillierte
bibliographische Daten sind im Internet abrufbar über
http:// dnb.ddb.de

Herstellung und Verlag :
BoD – Books on Demand, Norderstedt

Gedruckt auf alterungsbeständigem Papier
(holz- und säurefrei)

Umschlaggestaltung : E. L. Schmidt

Printed in Germany

ISBN 978-3-7481-4452-6

INHALT

7 Was ist morgen *en vogue*?

15 Klassenfeinde

28 Schriftsteller als Briefsteller

36 Rückblick auf das 21. Jahrhundert

38 Seelenklempner und Geistheiler

52 Abfall von wem?

56 Gnomologisches Denken

99 Monologische Plaisanterien des Gerontius

„Mit Sicherheit war nie ein Ideal in der Praxis so irre und falsch wie das Ideal der Praxisbezogenheit." (*Chesterton)*

„Unsere Studien aber sind Wegzehrung in der Jugend, Labsal im Alter, Glanzlicht in glücklichen und tröstende Zuflucht in unglücklichen Zeiten. Sie sind eine Freude daheim und kein Hindernis unterwegs ... befreien nach dem Urteil bedeutender Männer sogar von der Dienstpflicht gegenüber dem Staat – warum sollten wir uns ihnen also nicht mit staatlicher Erlaubnis widmen." *Cicero*

Was ist morgen *en vogue*?

„Ein Mädchen, kaum zwölf Moden alt", schrieb Lichtenberg amüsiert in seine „Sudelbücher". Der weltgrößte Aufklärer *Immanuel Kant* aus Königsberg klärte seufzend auf auch über dieses leidige Thema, und seine *praktische Vernunft* verkündete den *kategorischen Imperativ* : „Besser mit der Mode ein Narr sein als gegen sie!" Er schickte sich in das, was im 18. Jahrhundert schicklich war, um seine Kraft für Wichtigeres aufzusparen, und trug seine unvermeidliche Rokokoperücke wie jeder.

Gegen die ewige Langeweile der modernen Welt erfand der Narziß in uns den ewigen Wechsel der Moden, doch der wird *in the long run* so langweilig, dass dagegen nicht einmal seine ewige Abschaffung hilft. Alle tragen stets dieselben Gefühle und Gedanken zur Schau, Bücher und Weltbilder, aber immer anderes Outfit plus Accessoires, immer neue Herzen, Brüste, Bein- und Kopfprothesen. Je mehr sich alles modisch ändert, desto mehr bleibt sich alles ewig gleich, und alles kann sich nur ewig selbsterhalten durch rasenden Wechsel auf der Stelle wie ein nimmermüd gepeitschter Brummkreisel.

Modemodelle : Relativ kurzlebige, sozial genormte Geschmäcker, Sitten und Gebräuche, Gruppenwerte und Usancen. Man versteckt sich hinter exhibitionistischen Rollenspielen, die Uptodate-Anerkennung geben. X is in, Y is out, verordnet der gerade anerkannte Modezar als Trendsetter, bevor der obsolete Epigone seiner selbst entsorgt wird.

Besteht moderne Demokratie nur aus Modediktaten? Dass jeder *sich selber immer neu erfindet*, wird ihm allerdings bei Strafe aufgebrummt. Mode ist die Art und Weise, durch immer Gleiches immer anderes oder durch immer anderes immer dasselbe zu versprechen und zu verlangen, also den *alten Adam* (und die junge Eva) mit immer neuen Feigenblättern einzukleiden. Immer neumodisch sein zu sollen und zu wollen, unterliegt dabei keiner Mode. Vor allem aber ist es immer Mode, vergeblich gegen immer neue Moden zu sein.

Mode diktiert, was jeweils modern ist, und schon der achtzehnjährig genialisch frühvollendete Dichter Arthur Rimbaud, der kinderlose Vater der modernen Poesie, befand vor anderthalb Jahrhunderten, bevor er als ein erfolgloser Waffenhändler in Abessinien endete : *„Man muss immer absolut modern sein!“*

Moden vermodern immer schneller, weil die Mode-Industrie sich nur durch Massenproduktion für eine nennenswerte Anzahl von Kunden lohnt, bis die Lager weit genug leergekauft sind für einen nächsten PR-Modeschub. Diese Industrie, die den Takt der Moden und unseren Geschmack bestimmt, verspricht für nur begrenzte Saisons das Paradox einer *Exklusivität durch Massenproduktion*.

Mode heißt : *Man* ist nur *man selbst*. Alle gleich: Jeder anders (gewandet und nicht gewandelt). *Ewiggestrige* verkleiden sich da als *Leute von heute* und morgen. Und natürlich ist es auch nur Mode, wie man von ihr spricht und sie selber plappern lässt. Nie wird es Mode, über Mode(n) nicht zu reden.

Die Mode modelt mich, ist aber selbst nie modern, sondern der älteste Hut der Welt, seit der Vertreibung vom paradiesischen Feigenblatt. Die Dauerselbstmodernisierungen der bösen Welt sind die bevorzugte Form, alles so unverbesserlich zu lassen, wie sie immer war. Auch die beinahe schon wieder makulierte und entsorgte weltanschauliche „Postmoderne“ war ja keine moderne „Postmode“. Das vergessen Archaische aus mausgrauer Vorzeit von Anno-Dunnemal wird immer wieder *letzter Schrei.*

Eine Mode ist eine Uniform, die vor allem Zugehörigkeit zu einem jeweils „maßgebenden“ Kollektiv signalisiert, also befristete „Identität“ gegen Konkurrenzkollektive verleiht. Durch Mode ist „man“ identisch mit anderen gegen wieder andere, und dieser Identitätsnachweis muss wie auf Verabredung wechseln wie eine schnell veraltende Erkennungslosung. Sie ist für Zugang zu den In-Groups ein Password, das besser regelmäßig geändert wird, um Betrüger und *falsche Leute* draußen zu halten, ehe sie uns mit vermasster Vulgarisierung bedrohen.

Die Mode-Industrie vergewissert sich immer neu der Willfährigkeit jedes einzelnen kaufkräftigen Konsumenten, das große Gesellschaftsspiel mitzuspielen, sich den Spielregeln freiwillig zu unterwerfen, fast jeden verordneten Schwenk begeistert oder widerwillig mitzumachen, um sich als zuverlässiges Herdentier auszuweisen und bestätigen zu lassen, das mit sozialen Gratifikationen rechnen darf. Die modernen Überwachungsstaaten treiben dabei nur zynisch offen, was die freie Welt nur etwas modisch kostümierter praktiziert. – Moden sind erfolgreiche Gruppenzugehörigkeitsrituale. Mir gefällt, was genügend vielen gefällt, um dafür eine Industrieproduktion ebenso preiswert wie profitabel zu machen.

Mode macht es möglich : ausreichend exquisit und konform zugleich zu sein. Individualität und Konformismus gehen für eine kurze Zeit konform. Das Herdentier fühlt sich als Original, der modernisierte alte Adam als Avantgarde auf der Höhe des jeweiligen Zeitgeistes. Auch was noch von vorgestern ist, fühlt sich in modischer Verkleidung wie schon von übermorgen. In Modediktaten verkleidet Zwang sich als Freiheit und Beliebigkeit als freies Belieben.

Man gibt dem nackten Kaiser, was des Kaisers ist, und zollt der Gesellschaft seinen fälligen Tribut, und sie gibt Schutz gegen Gehorsam; das ist ihre raison d'ètre. Modische Form verkleidet Konformismus als informelle Originalität. Das Kollektiv hüllt sich in Individualitätsmoden – gegen ein jedes Individuum.

Man trägt dies oder das, stofflich wie seelisch und kulturell, wenn *man* richtig liegen will. Man macht mit beim Nichtmitmachen bei Out-groups. Stoffliche wie psychische oder geistige Kleidermoden markieren soziale Distinktionen – und verschleiern doch nur den altehrwürdigen *Klassenkampf*.

Beispiel für neuzeitliches Fashion-Diktat : Die meisten Frauenmode-Kreationen stammen von Homo-He-men, deren Ideal der knabenhaft magere Frauenkörper ist ohne betont weibliche Rundungen. Die meisten He-teros hingegen würden vollschlankere Frauenbilder mit "bioweiblich" üppigeren Formen wohl vorziehen, doch aufgezwungen werden allen die Idole der schwulen Designer.

Wechseln Moden immer schneller, weil sie immer abschreckender werden, oder weil die modernisierende Industrie-Rentabilität den Wechseltakt angibt? Nie wechselt die Mode, die Beschleunigungsrate der bloßen Modewechsel zu beklagen, der ästhetischen wie der eher stofflichen.

Politische Modewechsel heißen „historische Augenblicke“ oder "Revolutionen". Geistige Modewechsel nennen sich *Paradigmenwandel* oder Kulturrevolutionen. Die Hype-Schlagworte wechseln mit ihnen. Mal geht es um *Transparenz*, mal um *Akzeptanzen*, mal um *Authentizität*, mal um *Nachhaltigkeiten*, mal um *Kreativität*, ein andermal um *Klimawandel* etc.

Man hofft, dass der alte Adam samt Eva sich mit jeder Mode mal ändert und „neu erfindet“, wie die Sprachregelungsmode lautet. Aber der alte „innere

Schweinehund“ der Gesellschaftsstruktur überlebt alle modischen Drapierungen. Moden kommen und gehen, die Substanzlosigkeit bleibt. Die trügerisch schönen Verpackungen wechseln, der Inhalt bleibt so schäbig wie gehabt. Der Fortschritt ist nur ein Fortschritt bloßer Verkleidungsmoden, der Schöpfer hatte es dem ersten Menschenpaar schon auf ihre Feigenblätter geschrieben. Auch Nacktheit kleidet uns wie nackte Wahrheit. Die Vertreibung aus dem Paradies nackter Tatsachen heißt die immergrüne Mode des gottverfluchten Ackerns und vergesellschafteten Wirtschaftens, von Mode zu Mode.

Kurz : Moderne Demokratie ist die Diktatur eines Triumvirats aus Herkunftsfamilien, Naturanlagen und – sozialen Moden. Könnte eine „Sozialrevolution“ die permanenten „Kulturrevolutionen“ bloßer Moden beenden, welche die Blößen doch nur fadenscheinig bedecken?

Is there a mode to end all modes? Bis dahin mit Kant : Lieber mit der Mode ein Narr als gegen sie!

Ist der Mensch aber ein Ebenbild, schleicht sich ein furchtbarer Verdacht heran : Betrachtet das blasierte Publikum das ganze Universum am Ende als eine einzige vorübergehende Modenschau des (himmlischen Mode-)Schöpfers, das Weltall nur als eine pompöse Modelaune bis zum nächsten *Big Bang*?

Die Naturgesetze : bloße Lifestyle-Moden der Mutter Natur? Der Mensch selbst : nicht mehr als eine Herbstmode von Mutter Erde? Das Sein nichts als eine Frühlingsmode des Nichts, das seinerseits eine Wintermode des Seins ... Nein, das kann nicht sein!

Die Ewigkeit kann keine Modesaison der Zeit sein, oder? Eine solche Logik müßte selbst ein Modegag des Chaos sein ... Gar nicht auszudenken!

Klassenfeinde

In dieser Hinsicht war er bestimmt nicht verwöhnt, aber das Mädchen da drückte sich doch um einiges derber aus, als ihm von den Frauen seiner Umgebung vertraut war. Da holten Chefs und ihre Untergebenen einander dauernd welche runter, schissen Eltern ihre Kinder in Hochform, und ständig wichste sich jemand ins Knie oder fickte Jesus in den Arsch. Kaum etwas, das nicht auf der Ebene der Kohabitationen und Defäkationen verhandelt wurde.

In dieser Hinsicht war sie bestimmt nicht verwöhnt, aber der Kerl hier drückte sich doch um einiges hochgestochener aus, als sie es von den Bürgersöhnchen kannte, mit denen sie verkehrte. Da wurden unablässig repressive Normen verinnerlicht, Triebregungen projiziert und auch Willensbildungsprozesse basisdemokratisch initiiert. Nichts, was nicht in politökonomischen Referenzsystemen ausdiskutiert und sozialpsychologisch problematisiert werden mußte, es war zum Kotzen.

Sie schien es zu genießen, sich nicht anmerken zu lassen, wie sehr sie es genoß, ihn durch ihren gepflegt verwilderten Jargon doch ein bißchen schockiert zu sehen. Er schien es zu genießen, sich nicht anmerken zu lassen, wie sehr er es genoß, sie durch seine saloppkomplexen Verbalanceakte doch ein bißchen imponiert zu sehen, fast gegen ihren Willen.

Kam sie auf das 'abgefuckte Bürgerpack' zu sprechen, verblüffte sie allerdings durch Intimkenntnisse, die er ihr nicht zugetraut hätte. Sie fiel ihm auch sofort ins Wort, sobald er anfing, sich zu bürgerlichen Usancen und Spielregeln zu äußern, sie wußte alles besser, tatsächlich, widerstrebend zugegeben. Und nichts von dieser Dumpfmischung aus demütig ignorantem Respekt und resignierter Halbwut, mit der seinesgleichen sonst über die da oben sich ausließen. So viele Tassen Kaffee er auch trank, er wurde nicht klug aus ihr und fühlte ihre Freude darüber. In ihrem grob-elliptischen Krüppeldeutsch wußte sie viel mehr über Ärzte, Rechtsanwälte, Professoren und deren Verkehrsformen als er, der sich bereits so lange bemühte, dort Fuß zu fassen, der mit dem Beflissenheitsperfektionismus des Außenseiters deren Sprache besser als sie selbst beherrschte und doch durch die unsichtbare Gummiwand seiner Erinnerungen von ihnen getrennt blieb. Sie hingegen redete, als ginge sie in den besseren Kreisen ein und aus, und das durchaus nicht aus der Ladenmädchenoptik und Putzfrauenperspektive oder Kinobildung. Nur der wegwerfend haßruppige Ton verriet sie, den sie 'am Bauch' hatte.

Kam er auf die 'relativ verelendeten Mercedesproletarier' zu sprechen, überraschte er sie allerdings durch Detailkenntnisse aus den innersten Arkanzirkeln der Fabrikwelt, die sie ihm nicht zugetraut hätte und die er auch nicht aus Büchern haben konnte, nur aus betriebspraktischen Langzeitstudien. So fiel er ihr auch stets sofort ins Wort, wenn sie anfing, sich zu proletarischen Lebensverhältnissen und Denkformen zu äußern, er wußte alles besser, das war nicht zu leugnen. Und nichts von dieser Ekelmischung aus herablassender Anteilnahme und sozialreformatorischer Präventivangst, mit der Anteilseigner über die da unten sich zu verbreiten pflegten.

So viele Tassen Tee sie auch trank, sie wurde nicht recht klug aus ihm und spürte seine Freude darüber. Ungleich sachverständiger als die Angehörigen der Mittelschicht sonst dozierte er die 'werktätig Unterprivilegierten' in die Höhe, und doch wußte sein manieriertes 'Geseire' mehr über Facharbeiter, Leichtlohngruppengeist und alle Mitbestimmungsmodelle als sie, die sich schon so lange anstrengte, dort im exotisch Gewöhnlichen heimisch zu werden, die das Blue-collar-Deutsch besser als die Arbeiter beherrschte, mit dem Überanpassungseifer des Parvenüs, der in die nächstniedere Klasse aufsteigen will und doch durch die unsichtbare Gummiwand seiner Erinnerungen von ihr getrennt bleibt.

Er hingegen redete über die 'Paupers', als sei er mit ihnen aufgewachsen und habe sie ein Jahrhundert lang an der Werkbank beobachtet, und das durchaus nicht aus der Unternehmeroptik und Salonproletenperspektive. Nur der wenig 'restringierte Code' seiner Sprache verriet ihn.

Aber je mehr Neuigkeiten aus der Zauberwelt der Produktivkräfte und Produktionsverhältnisse er auftischte, desto gemischter wurde ihr Gefühl. Sie bewunderte seine wenig auftrumpfende Beschlagenheit, aber welche anbiedernden Verkleidungen mußten nötig gewesen sein, so tief in die Kernmysterien der Erniedrigten und Beleidigten sich einzuschleichen und einzuschmeicheln. Streng urteilte er über das 'Klassenunbewußte' jener, mit denen er gelebt hatte, über ihre 'konsumistische Korrumpierung', so daß sie ihn schließlich im Verdacht hatte, hinter seinen arbeiteraristokratisch rigiden Philippika das Ressentiment derer zu verbergen, die es doch nicht geschafft hatten, das erfahrungszähe Mißtrauen der 'Lohnabhängigen' zu besiegen und als einer der ihren von ihnen anerkannt zu werden, trotz aller solidarisierenden Selbstverleugnungen.

Sicher ließen sie sich sein werbendes Verständnis, seine teilnahmsvollen Hilfsangebote abwehrverlegen lächelnd gefallen, seine Versuche, das 'Herrschaftswissen' seiner Herkunft gegen sich selbst zu kehren und in den Dienst derer zu stellen, gegen die es gerichtet ist. Aber ebenso sicher standen ihm seine Sprache im Wege, die Manieren seines Kopfes, seine zu Reflexen gewordenen Reflexionen.

Oder hatte er sich auf seine Sprache erst trotzig versteift, als er alles längst verloren glauben mußte? Um vor sich zu verbergen, wie zurückgewiesen er sich abgestrampelt hatte, und um sich einzureden, daß er ja eigentlich doch nie so naiv gewesen war, das Unmögliche gewollt zu haben? Diese 'Sprachbarriere', war sie eine Sprachbarrikade, war sie Ursache oder Wirkung seines Scheiterns?

Aber was hatte ihr Studium der proletarischen Fremdsprache ihr denn bisher wirklich gebracht, außer der Anerkennung im Kreise derer, die sich mit ihr an die Seite oder an die Spitze der revoltierenden Massen stellen wollten, ob nun aufopfernd eingereiht oder von Führer- und Stellvertreterphantasien verführt? Kein in Fleisch und Blut übergegangenes praktisches Wissen, über das er so verschwenderisch gebot, daß sie hin- und hergerissen war zwischen lernwilligem Respekt und bissigem Rivalitätsärger. Trösten konnte sie sich da nur mit ihrer Fähigkeit, proletarischer als die Arbeiter zu reden, was ja allein noch kein Eintrittsbillett in die andere Welt war. Außer, sie beide täten sich zusammen ... ? Diese Koalition wagte sie ihm noch nicht vorzuschlagen, was wußte sie denn von ihm?

Je mehr 'Insider-Infos' er ihrem 'Gelabere' entnahm, desto zwiespältiger wurde sein Eindruck von ihr. Er bewunderte ihre beiläufig unaufdringliche Fischimwasserweisheit, aber welche ehrgeizig charakterverderbende Mimikry war da wohl nötig gewesen, so tief in die Filigrangeheimnisse des Gegners einzudringen. Sie „schiß die Scheißer zusammen", durch deren Betten sie gegangen sein mußte, so daß er sie am Ende im Verdacht hatte, hinter all den kloakalen Verwünschungen eine unheilbare Faszination zu verbergen, das Ressentiment derer, die den Zugang trotz aller zielstrebigen Selbsterniedrigungen doch nicht geschafft hatten und draußen gehalten worden waren, so selbstverloren sie sich andienten. Sicher stand ihr diese Sprache im Wege, die sie nicht hatte ablegen können, der 'Unterschichtdienst an den sprachlosen Worten', wie er das für sich nannte und von den Seinen kannte. Oder hatte sie sich erst darauf trotzig zurückgezogen, als sie alles längst verloren glauben mußte? Um vergessen zu machen, wie sehr sie sich ins Zeug gelegt hatte, und um sich glauben zu machen, daß sie ja doch im Ernst nie gewollt hatte? War ihr 'Rotzwelsch' Ursache oder Wirkung ihres Mißerfolgs?

Aber was hatte ihm seine größere 'kommunikative Kompetenz', die er sich anstudiert hatte, denn bisher wirklich genützt? Ein bißchen Anerkennung durch philanthropische Bildungsbürger, für die er der lebende Beweis war, daß es auch ohne Revolution gehen würde, Gottseidank. Ein Fortbildungsbürger honoris causa, den seine Verwandten und Bekannten nicht mehr kannten, weil er Marx im Original gelesen hatte, weder Arbeiter noch Bürger, nicht Fisch, nicht Fleisch, ein Wechselbalg auf eigene Faust, ein „rundes Quadrat“ des *Dritten We-*

ges. Wer Marx verstanden hat, weil er Hegel gelesen hat, ist ein Bürger, aber ohne unmittelbare Anschauung, ohne diese gelebte Erfahrung, über die sie so souverän freigiebig verfügte, daß er zwischen zagem Bewunderungsneid und eifersüchtiger Verachtung schwankte. Trösten konnte er sich da nur mit seinem 'elaborierteren Code', der allein ja noch kein Sesamschlüssel zum verachtet Begehrten war. Vielleicht, wenn sie beide sich zusammentäten und ... ? Dieses Bündnis wagte er ihr dann doch nie anzubieten, aus Angst, sie zu kränken, sie kannten einander ja noch kaum.

Aus der schieren Enttäuschungswut schien sie ihre Ausdrucksweise absichtlich zu 'pauperisieren'. So redeten nicht einmal die Hafenarbeiter, und die berühmten „Montagsgespräche“ der Fabrikfrauen über ihre sexuellen Wochenendgewohnheiten hatten ihn immer sehr abgestoßen. Ironisch beglückwünschte er sie zu ihren Spionageerfolgen, ihrem Agentenwissen über die verborgensten Usancen des Klassenfeinds. Sie solle nur achtgeben vor der Versuchung, sich einkaufen zu lassen von den 'erpresserischen Gratifikationen des technokratischen Konsumismus und seiner fesselnden Tatsachzwänge'. Sie lachte geschmeichelt böse und gab die fortgeschrittenen Sexualpraktiken der abgehobensten

Lebewelt preis, konnte in flottrohen Fluchformeln filigranfeinste Sozialisationstechniken des Mittelstands enthüllen, die ganze neue Kreativitätswelle als bloßes Flexibilitätstraining und als Mobilitätsdrill für die verschärften sozialen Verteilungskämpfe auch der oberen Ränge lächerlich machen und vieles mehr.

Er antwortete : „Die *workies* wissen gar nicht, was sie alles nicht wissen. Was man sich für Geld alles nicht kaufen kann, zum Beispiel. Wenn die wüßten. Sie würden es nicht aushalten. Deshalb wollen sie auch nichts wissen davon. Daß sie es eigentlich besser wissen müßten, meine ich. Sie haben Angst, sie müßten verzweifeln. Jeder beteuert dem anderen unaufhörlich, daß er so denkt wie er, so fühlt und so ist wie der andere, daß Geld allein auch nicht glücklich macht, daß die mit uns ja doch machen, was sie wollen, daß man sich an das Nächstliegende halten muß, an die Heizungsrechnung und das neue Regal im Kinderzimmer, jeder versichert dem anderen dauernd, daß er Recht hat, daß er mit dem, was er sagt und tut, nicht aus dem Rahmen des gemütlichen Elends fällt, einer bestätigt dem anderen ständig seine Übereinstimmung mit ihm, diese Brüderlichkeit, wo alle sich in der gleichen Selbsterniedrigung wälzen, und die, die das Lesen am nötigsten hätten, es für Luxus halten, den sie sich nicht leisten können, und für die alle Phantasien und Triebe schon Klassenfeinde sind, ich kenne sie, wie sie aneinanderkleben und sich gegenseitig unablässig wärmen und zunicken und beschwichtigen und alles unter den abgestotterten Perserteppich fegen und noch stolz darauf sind, daß das Schuften ihnen für nichts mehr Zeit und Kraft läßt als für dieses Reden darüber, daß sie zu kaputt sind, um an etwas anderes zu denken als an ihr gemeinsames, ausnahmslos geteiltes und eifersüchtig gehütetes Kaputtsein, das sie zum Riesenweltnest auspolstern und bebrüten."

Er bemühte sich, nicht wie gedruckt zu reden, und versuchte, ihr die 'normativ generalisierte Verinnerlichung defizitärer Triebabfuhr' zu übersetzen, während sie die verhinderten Schweine da oben geißelte, die ihnen nur ihre Verklemmungen aufzwingen wollten. Immer wieder aber verlor er sich in seinen Schachtelsatzlabyrinthen, aus denen sie ihn durch legere Kraftkürzel befreite. Sie fluchte ganze lange Analysen zusammen, und er donnerte ihr *Ächz-Keuch-Stöhn-Zong-Proff* sozialkritischer Comicsprechblasen gut seminaristisch auf zu 'Verunmöglichungen', 'schichtspezifischen Verwortungen' und 'spätkapitalistischen Legitimationsdefiziten'. Ganz ironisch gratulierte sie ihm zur Fähigkeit, 'seiner' Arbeiterklasse Recht zu geben in einer Sprache, die nur die Bourgeoisie verstünde.

Aus schierem Resignationsgroll schien er seine Artikulation vorsätzlich noch stärker zu sublimieren und halsbrecherisch aufzusteilen, schien ihr. So quatschten nicht einmal die Geschäftsfreunde ihres Vaters, diese Universitätsdozenten und Operation-Research-Manager auf ihren allwöchentlichen Club-Meetings, die sie häufig belauscht hatte, wo die nächsten ideologisch neuverbrämten Sauereien ausgeheckt wurden. Sein Wissen über die Unwissenden in Ehren, aber auf seinem feinen Kopf saß doch sicher der kapitale Arsch einer dieser Unternehmerväter, deren Joviallaunen für ihre Untergebenen zu puren Naturgesetzen werden und die sich schmeicheln, ihre Kinder wie ihre Arbeiter und die wie Kinder zu behandeln, bevor sie ihren Kronprinzen Platz machen müssen. Oder die sie durch exzessive Verwöhnungen gefügig halten bis zuletzt.

Der hier zeterte gegen Zuckerpeitsche und Goldkäfig, verbündete sich mit Karl Marx gegen sein Elternhaus, verbrüderte sich gern mit den Arbeitern seines alten Herrn, um ihn zu verletzen ... aber übertrug der nicht nur seine persönlichen Probleme auf die politische Ebene, aufs global Universelle seine ganz privaten Wehwehchen? Nur weil er noch gegen Mammi und Pappi nicht ankam, gerade im Protest von ihnen nicht loskam, von ihrer 'rigiden Permissivität', sollten die Proletarier aller Länder sich vereinigen und ihm die Kastanien aus dem Feuer holen, das ihm zu heiß war?

„Alles Bürgersöhnchen, die vom Kapitalismus faseln, wenn sie ihren Alten meinen, der eine Fabrik hat ... verstecken sich hinter den Arbeitern und wollen sie führen ... die sollen ihnen dann den Alten kaltstellen und umlegen, gegen den sie nicht anstinken können ... und gegen die Konsumgesellschaft sind sie, weil *er* zuviel Kies hat, und wenn der größere Bruder die ganze Chose erbt, muß gleich die Vergesellschaftung der Produktionsmittel her und die Ausbeutung der Ausbeuter, darunter tun sie es nicht... und wenn sie das Abitur nicht schaffen, muß natürlich gleich das Leistungsprinzip weg, und die abgehauene Freundin beweist gleich die Entfremdungstheorie und daß das Konkurrenzprinzip raus muß, mindestens ...", dachte sie.

Später lagen sie in seiner Wohnung und rauchten die Zigarette post festum. Er dachte : „Es ist nicht nur ihre Sprache. Auch wie sie liebt. Ordinärer als ein Flittchen. Aber ich mag sie. Urig. So im Bett zu sein, davon träumen doch die kuchenfressenden Pelztiere."

Sie dachte da : „Es ist nicht nur sein Gequatsche. Auch wie er bumst. Alle diese hinterfotzigen Finessen, dieser ganze erogene Zonenzauber, dieser Schiss vor Emanzen-Mimo. So treiben es bestimmt meine Alten. Aber ich mag das. Komisch. Das haben die Arbeiter noch vor sich, wenn der große Nachholbedarf mal später über sie kommt. Nach der großen Selbstbefreiung der kleinen Leute.“

Schriftsteller als Briefsteller

Liebe Freundin,

Wirf dich hier in die Brust, um dort den Rücken zu krümmen? Wenn mir der Sinn danach steht, hänge ich mich *in effigie* auf, weil euch keine Sonderabteilung der Hölle vorbehalten ist. Mancher erhebt Anspruch auf Originalität und Tiefe und sühnt seinen seelischen Verrat durch die Pflichtvergessenheiten. Beglückwünsche mich zu deiner Macht über dich und halte mich fest, eh' du dich vergißt. Einmal, dem kein letztes Mal folgen wird, wollen wir noch auf einander einscherzen und einteufeln und uns irgendetwas erlauern voneinander. Praemittis praemittendis desinfiziert schließlich gar nichts besser als das Sonnenlicht, und nur die Nacht belehrt die Nacht. Es ist ja nachgerade an der Zeit, daß ich um die Erlaubnis nachkomme, keine Versprechungen mehr machen zu müssen. Du hast dich niemals überschafft, et tutti quanti. Lass der Not keinen Schwung, und wer sich ausschwallt, muß dich noch nicht anschwallen. Die Eitelkeit der Krüppel und anderer indolenter Helden treibt da Stigma-Management, denn die Pathosformeln von Kraft, Harmonie und

Erschauern sind hoch assoziiert mit einer „carte blanche“ für alle, die dir jede Prätention verweisen. Verwichenen Datums hatten wir uns doch alle aufgebrezelt und arrondiert und in uns hineingeschichtet. Alle impräzisen Metaphern in unsren Rodomontaden waren umbesetzt zum All-bashing, jeder regalierte den anderen und definierte ihm die Zielscheiben zu. Jeder verliebt sich, sobald er sich nur geliebt glaubt, doch wer fängt an oder erklärt sich dagegen? Ich kann mich doch nicht fix oder nix ermäßigen zum allgemeinen fight or flight, wenn eine vom Munde abgesparte *Neue Schonungslosigkeit* die ganze *mutual admiration society* ausregiert! Entre nous, terre à terre, berühr die Stars mit erhobenem Haupt, aber Gewordenes ist auch schon Gewesenes, wenn es sich so fügt, daß dir der Star endlich mal gestochen ist.

„Capriccio“ ist Pasticcio für jedes Imbroglio, wenn du das noch in dein Sakuntula einfloskeln kannst. Was ich selber tu, trau ich keinem zu. Dem Anforderungsprofil, das mich kerkert und pestet, kann ich nicht beikommen; da ist *nude crude* einiges zuviel im Schwange, das sich nur zu gut darauf versteht, aus seinem absinnigen Naturell kaum herauszufinden. – Faute de mieux : Place aux vieux! – Unsere Selbstparallelisierungen waren doch stets jedwedem Mißverständnis versprochen, doch die Traditionsanbindung von Eideshelfern gerät zum Glück nicht wahrheitsimmun, *and hot spots get hot stops*. Ein Weltverkehr ohne Weltverzehr dürfte einfach fehlkonnotiert sein, das ist recherché : It all depends upon you mean by "meaning". Genügen drei Generationen, um ein einzig Bonmot zu einem Sprichwort zu machen?

„*Mélancholie dévote*" bevorzugt doch eher unterkomplexe Reaktionen, und auch die Apokatastasis erlag zu früh dem Abwehrzauber der Duldungsstarre, meine Liebe! Dazu wäre noch kein Kosmozid zu bemühen. Wach auf und träum, sagen die Jungen, die noch nicht abgefeiert sind. Die Redaktionen sollten Reduktionen sein, weißt du, und halbwegs irreproduzibel. Meine Rückkehr zum philosophischen Kerngeschäft steht dafür, daß der Eindruck sich seinen Weg durch die *Disparition* bahnt und mehr als unsere Körper vertont. Bitte, erst den illiteraten Kopf aus der Erde ziehen und dann losrennen! Das Klandestine scheint mir noch gar nicht emphatisiert genug zu sein, um hier eine allfällige Déroute einzuleiten. Das hat schon evidentielles Übergewicht, um einige *muckraker* aufzuschulen, die das alles gut humoristisch kleinschmunzeln wollen. Blutpumpigste Grüße …

Lieber Freund,

der Courteur ist zu interessant, um noch behaglich zu sein, während der Longueur zeitlebens Isolation sucht, die sein ungeteiltes Sofa gewährt. Ich widerstehe aber mühelos dem Impuls, dich dafür zu belohnen, daß du dich erkühnst, dir eine eigene Home-Rule zu gewähren. Das wollte ich dir noch hinreiben, heiligs Blechle! Ich will dich auch wissen lassen, daß du deine *street credibility* kaum verbesserst, wenn du nicht recht bald anderen Gedanken Audienz gewährst. Au net schlecht, gell? — Daß einer durch allfälliges Debunking besser wird, das hat sich ja niemals ereignet. Ein Liebesobjekt finden heißt ja schon, eines wiederzufinden, sagte Freud allen Einspännern. Aber pubertären Ikonoklasmus wollen wir uns hier schenken und einem tiefgefühlten Bedürfnis einmal gründlich abhelfen, wenn wir in dem Versuch exzellieren, diesen Neigungswinkel der Seele nennenswert zu vergrößern, ohne uns deshalb zu desambiguieren und etwas ungebührlich zu encanaillieren. Emphatisieren wir uns doch, bitteschön, alle miteinand, denn auch die Schlagetots haben schließlich ihre *stock and leisure options*. Das Kurze im Langen : Mehr Rechte für die Knechte, liebe slower but better workers! Stresst euch nun nicht gleich unter den Tisch, wenn handverlesene

Eliten den "cultural turn" schauderös einleiten und desungeachtet alles auf ihren eigenen Focus zufluchten. More back-ups und follow-ups erhöhen nun wirklich niemals die werte Binnenkonsistenz eines Systems. Was du mir da schreibst, das hat sich da – salva veritate – längst ins Land hineingeärgert. Ich befestige mich in der Vorstellung, der Wahrheit ausreichend häufig die Ehre zu geben, erkenne mir zuweilen aber auch das Recht zu, ungerecht gegen mich zu sein, wenn jemand seinen eigenen Zielen näher kommt als nötig. Das nun schon ganz gewiß! Ich liege auch sehr leicht mit einer Bitte im Anschlag auf jemanden, mit dem ich heuer auf dem Sprechfuß stehe, und befleißige mich der Kunst, zielführende Debattenredner in aller Beilfertigkeit zu skandalisieren.

2000 Jahre lang hatten wir Normenversicherungsverträge, das Mindeste zu sagen, doch wer eine ungute Haltung beobachtet, der nimmt auch Veranlassung, seine Mahlzeitgenossen durch sein Tadeln zu adeln. Schüchtern wie alle ausgepichten Egoisten, erstrahlt dann die aufgesteifte Gestalt des *Sanspareil* im Glanze ihres Besucherkostüms und hat alle défaults de ses vertus, tout bien pris. Frühe Insulte hat ja jeder, doch wollte man solcher deliranten Logik folgen, säße man ganz schnell neben der Kappe und machte sich ungescheut zu einer Grölbacke. Eine masochistische Überschreitung der eigenen Toleranzgrenzen würde doch jede Verständigung beeinträchtigen durch die Tatsache, daß ich mich nicht gerade auszeichne durch Nachsicht mit einmal gestrauchelten Untertagegrößen. Unabhängig von dem, was du sagst, ist es immer ein Vergnügen, dir zuzuhören.

Nennst du mich Marx, nenn ich dich Lenin. Nichts charakterisiert deine Haltung vielleicht deutlicher als deine *summaries for policy makers*, obwohl ich mich nicht rühmen darf, dich mündlich immer besser als schriftlich verstanden zu haben. Es gibt nun keinen schlechten Dienst, den man einander nicht erweist, sobald man ihn als einen guten Dienst gesellschaftsfähig zu machen versteht. Ich habe das nun einmal inauguriert und muß bekennen, nimmt man alles nur in allem : Dumm gelaufen, gut gesagt. Und die Klage setzt den Hauptakzent all deiner Reden. Setz dich über dich hinweg, freu dich über jeden Dreck, sagt der Volksmund in mir, ganz *sub iudice*. Der *esprit de conduite* wäre etwas anderes, da gehen wir ja *d'accord*. Aber bitte verschnecke uns nun nicht vollends. Dein *plume de guerre* ist weiter gefürchtet und das *old boys network* schließlich noch leidlich intakt, um dich mal aufzufangen und alle Majoritätsbeleidigungen zu rächen. Das stört ja keinen großen Geist, und die Realität ist so leicht nicht wegzuklampfen.

Deshalb muß man sich nicht an jeden ranwanzen, Selbstverwirklichung scheitert ja meistens schon am eigenen Aussehen, tant mieux. Und diese leidige Identitätssicherung, höre ich dich fragen? Ich bin ich, weil mein Hund mich kennt, heißt es, und bitte predige nur tauben Ohren, sobald ich mir selber Urangst einzujagen suche! Doch ermangele nicht, mir zu schreiben, wenn du das alles neu aspektieren willst. Ich bin durchaus versucht, in dieser etwas blaguanten Frage auch neuere Akzeptanzkriterien zu definieren, werde aber wohl an dieser „societé des gens du monde“ unfehlbar zu scheitern wissen, wie du weißt. Untätigkeitswörter zieht meine Rede vor, und der schwanzfressende Uroborus bildet oft ein treffliches Bild meines Denkens. Wer küßt mich da aus dem All? Konkret krass und auch fett stabil, würde mein Sohn sagen, und er kann alles – außer Deutsch. Ich sehe im Geiste deutlich deine niveauverbürgende Miene und verstumme in dieser Sache. Knipse schneller die Stunden vom Zeitband ab, kaufe die Zukunft aus : "Jahre des Lebens – alles vergebens". Man hat nie seine Ruhe, denn dauernd ist etwas Langweiliges los. Du mit deinem British freeze-up hast den Bogen raus, siehst uns einfach alle profund einverblödet, und ich muß wieder den Wunsch niederkämpfen, mehr Pfeffer in deinen Zucker zu streuen. In aller sykophantischen Unterwürfigkeit gönne ich dir aber diese Schnittstellenkompetenz unserer Gespräche. Geistiges *slumming* bleibt weiter unser *all-inclusive-instrument* und immer *de rigueur.* Lass dir nun bitte nicht beifallen zu glauben, unser venerables Antidot könne uns da immer rechtfertigen, mitnichten. Zeige mir deinen Paß, und ich sage dir, wer du nicht bist. Dein pied-à-terre wird immer der Mond sein, mögest du nie erfahren, wer du sein willst. Wenn ich an dich denke, komme ich sehr lange nicht zu einem freundlichen Gesicht; tu mir endlich die Ehre an, das zu glauben. Man kann sich gar nicht beikommen, wenn man seine Quellen zielfindend und ergebnisoffen zugleich distextualisiert, mein Lieber. Wenn meine Tante Räder hätte, wäre sie im Prä-Apokalyptikum sexuell unterzuckert. Aber lassen wir diese *petits riens* und uns den Mittagsschlaf nicht ganz abschnarchen. Hier könnte aber jemand, der das mitliest, einwenden, daß sich leichter gruppenkompatibel lebt. Argumente sind auch hier wohlfeil wie Brombeeren, wofern nichts auszuexperimentieren ist. Ich will den Brief nicht einbittern und sage nur: Die In-group ist die Out-group jeder Out-group.

Abstrahendo non mentitur, sagt der Philosoph, und wir wollen das Wasser da nicht im Wasser suchen. Bleibe mein Psychopompos und ganz oben auf der Agenda der *tops & flops*. Pampig und schlampig ist nur eine grenzdebile Jugend, und leicht und seicht, doch glimpflich und schimpflich das Alter. Selbst ihr Bestes bleibt uns noch einiges schuldig, ausweislich aller Doppelblindversuche. Hurry up, pleasure down, nieder mit den Oberbegriffen! Know-how-Stau führt nur zum Theoriedarwinismus, und *soft skills* sind eben Schlüsselqualifikationen. Dem Pöbel das Beste, dem Adel die Reste? – Tout va bien! In alter Freundschaft …

Rückblick auf das 21. Jahrhundert

Steuergesetze statt Naturgesetze,
Behandeln statt Betrachten,
Geschichte statt Gedichte,
Kontestation statt Kontemplation,
Hand und Fuß ohne Kopf und Kragen,
Megapolitik statt Metaphysik,
Sein statt Bewußtsein,
doch Projekte statt Objekte,
Ökonomie ohne Autonomie
und Ökologie ohne Theologie,

Gemeinsamkeit statt Einsamkeit
und Gesellschaft ohne Meisterschaft,
Gefühle ohne Gedanken,
Verständnis statt Verstand
und Paranoia statt Dianoia,
pragmatisch statt theoretisch,
Einsatz statt ein Satz,
Barvermögen ohne Denkvermögen,
Produktion statt Schöpfung,
kollektiv statt kreativ,
automobil statt autodidaktisch,
Einheit für Einzelheit,
Verdienstorden statt Mönchsorden,
Futur statt Klausur,
Untaten statt Untätigkeiten,
Handarbeit ohne Hauptwerke,
Willen statt Wissen und
Villen statt Unwillen,
Mache statt Sache und
Rache statt Sprache,
handgreiflich statt begrifflich,
besser lenken statt gut denken,
Scheckbücher statt Lehrbücher,
Videotheken statt Bibliotheken,
Aktionen statt Abstr-aktionen,
Entscheidungen statt Unterscheidungen,
konsumieren statt ausstudieren.

Seelenklempner und Geistheiler

Interessieren wir uns für Freud, weil unsere Eltern die Freunde seiner Feinde waren? Aber hierzulande wird er nicht 'adaptiert' und 'rezipiert', ohne ihn auch schon überwunden zu haben, und am Ende unterscheidet sich die Haltung des modernisierten Psycho-Konsumenten gar nicht so sehr von der krud psychologiefeindlichen Gesinnung seiner Vorfahren. Ob es einer bis zu Freud nur noch nicht gebracht hat oder bereits wieder über ihn hinaus ist, kann dem Unbewußten ja gleich bleiben, und wenn man genauer ansieht, was in der Zeit seines Booms aus Freud herausgelesen worden war, ist von ihm nicht viel mehr übriggeblieben als die Parole, daß es gut und schön und notwendig sei, gelegentlich mal die Sau rauszulassen oder wenigstens Fünfe gerade sein lassen und Schweine dadurch zu verstehen, daß man für ihre Schweinereien Verständnis hat, und das auch nur, um nicht an Krebs und Magengeschwüren zu sterben.

Etwas anderes hatten Freuds Widersache aber auch nie gepredigt, woraus zu schließen ist, dieser Freud habe vielleicht doch etwas anderes empfohlen, als sich keinen Zwang anzutun, die Puppen tanzen zu lassen, mal ordentlich auf den Putz zu hauen und ohne viel Getue, Zieräfferei und „Lebensborn"iertheit übereinander herzufallen, wenn die Natur ruft. Paranoia bedeutet immer : Fühl dich von Mördern bedroht, um ungestraft schießen zu dürfen.

Jeder weiß, daß der Verbrauch an psychologischen Büchern und Therapien seit längerer Zeit im selben Maße wächst, wie das Interesse am ewigen Seelenheil abnimmt. Es ist, als könnten wir dem Beichtstuhl nur entgehen, um auf der Couch des Therapeuten zu landen, und die Freude über die Befreiung von aller seelsorgerischen Bevormundung durch Mutter Kirche ist zu bezahlen mit depressiver Rat- und Hilflosigkeit aus frühester wiederbelebter Kindheit mit ihrem stillen 'Urschrei' nach Mutter Natur.

Aber beweist diese Psychologitis, so hört man, nicht ein Anwachsen von Sensibilität und Introspektionsfähigkeit und anderen zeitgeistig hoch gehandelten Modetugenden? Erhöht sich nicht die rücksichtsvolle Fähigkeit und Bereitschaft, eigene und fremde Regungen überhaupt zu unterscheiden und ernster zu nehmen, als es die grobschlächtigen Vorfahren taten, die wie die alten Germanen metsaufend auf Bärenfelle sich fläzten und ihre Weiber an den Haaren in ihre Höhlen zerrten?

Man schaut in seine innere Leere und hofft auf eine Offenbarung. Liebevoll schaudernd beugt der Zeitgenosse sich über den Strom seines Unterbewußtseins, von der Psychologie verführt, seine banalsten Regungen und Strebungen zu überschätzen und schaudernd heiligzusprechen.

Am glücklichsten ist er, wenn er in seinen seichten Untiefen endlich auf eine seelische Ader stößt, die er für „authentisch echt" hält. Geschwellt von Stolz auf seine eigene unerschrockene Ehrlichkeit, untersucht er das fatale Forschungsobjekt sorgfältig und andächtig, bevor es exorziert wird. Hat er nicht beherzt in den Rachen der eigenen Panik gegriffen, und was entdeckt der Erbe? Sieht man sich den Gefühlsbrei an, der da hervorquillt und von der Menschheit als liebevolles Geschenk entgegengenommen werden soll, stößt man auf den erbitterten und mit vielen guten Gründen verteidigten Widerstand, ihn auf seine eklen Bestandteile einmal genauer zu untersuchen.

Wer sich von dieser Abwehr nicht einschüchtern läßt und sich nicht verkneifen kann, doch genauer hinzusehen, ist verblüfft, nicht das zu finden, was man angeblich finden wollte. Man ist darauf gefaßt, daß zertreten zarte Empfindungen sich kaum an das Tageslicht wagen, und ist überrascht, daß in den epidemisch gewordenen Psychotherapie-Sitzungen die gute alte Mixtur von gefühlsarmer Sentimentalität und feiger Rohheit sich erst schüchtern, dann keck penetrant hervortraut, unter dem Deckmantel der populären Losung, im Leben nichts mehr länger unter den Teppich zu kehren. Beim Wettkampf von Freud und Jung hat der abtrünnige Schüler längst gewonnen, der Seichtere gilt als der Tieferschürfende, während der verletzend schärfer Blickende verschrieen ist als der vermeintlich Plattere. Der Königsweg des geringsten Widerstandes führt an der Aufspürung der eigenen Widerstände traumwandlerisch sicher vorbei. Die Väter waren ganze Kerle, die aufs Ganze gingen, also müssen die Enkel, die „ganzheitlich" leben wollen, schlaffe Softies bleiben. Die Mütter sollen häusliche Gebärmaschinen gewesen sein, also muß die aufgeklärte Frau von heute, die dem das Leben verdankt, eine kinderlose Karrieristin werden, um kein Mutterkreuz zu verdienen. Waren die Männer zu männlich, beweist Kleinödipus seinen Großvatermord dadurch, daß er seine Homosexualität nicht mehr unterdrückt.

Die progressive Gegenwartserziehung spielt sich nun bevorzugt in Psychotherapiegruppen ab, in Trainingslagern für Sensibilisierungen und Desensibilisierungen. Mütter und Väter sind nur noch zu exorzierende Teufel und Dämonen, die *besprochen* werden müssen, damit sie schreiend entweichen.

Höchstes Therapieziel ist stets die Ermutigung, sich von den „Schweinen" nichts gefallen zu lassen (die mit ihren christlichen Gegnern regelmäßig verwechselt werden), also Anstiftung zur Brutalität, die als krebsprophylaktisch rempelsüchtige Selbstverwirklichung in allen Medien verherrlicht wird. Linke sind Leute, die ihre unveräußerlichen Rechte gegen Rechte wahrnehmen, und das ist ganz zweideutig zu nehmen: Verschwiegene Gelüste werden erst einmal unverdrängt in Augenschein und dann ihr Recht auf ein moralisch und juristisch ungehindertes Ausleben in Anspruch genommen.

Die Jungen möchten ganz einfach dieselben Freiheiten und verdrückten Instinkte austoben wie ihre Erzeuger, die sich, durch Befehlsnotstände zu ihrem Vergnügen gezwungen, in ihren Kriegen angeblich selbstverwirklicht hatten. Anders wäre dieses verquälte Schleichen um den heißen Brei kaum verständlich, das uns als skrupulöse Sensibilitätsolympiade zugemutet wird. Sie fühlen sich terrorisiert durch Verhältnisse, in denen sie niemanden terrorisieren dürfen, und träumen, daß im Schutz eines verschworenen Kollektivs zur alltäglichen Regel werden möge, was bei zivilisierten Völkern nicht einmal die festliche Ausnahme bildet. Bis dieses ganze Land ein einziges Gruppentherapiezentrum für Behinderte sein wird, muß der kleine Therapiekreis zur Einübung in die brutwarme Gemeinschaft provisorisch herhalten. Auf den ersten Blick mag der Widerspruch verwirren, daß die ellenbogenfreie Selbstbehauptung ebenso gedrillt wird wie die Fähigkeit, Schwächen zu zeigen ohne Angst, der andere werde sie ausnutzen, um daraus seinen Strick für mich zu drehen. Aber dieser Widerspruch löst sich ja zwanglos auf, wenn man bedenkt, daß das Durchsetzungsvermögen einer Gemeinschaft gegen die böse Umwelt von dem begründeten Vertrauen jedes Vereinsmitglieds abhängt, daß seine Fehler und Schwächeanfälle nicht sofort vom Kameraden ausgeschlachtet werden. Damit wir vor denen da draußen keine Schwäche zeigen, müssen wir sie einander zeigen dürfen: Wir sind ganz unter uns, und keiner dünkt sich besser als der andere Lump.

Angeblich haben unsere unseligen Eltern und Großeltern nicht nur ihre Vergangenheit verdrängt, sondern in der Vergangenheit auch ihre tiefsten Wünsche verdrängen müssen, und der Nachfahre will sich beweisen, daß er aus dieser Vergangenheit gelernt hat, indem er seinen Drang nicht länger auf die lange Bank schiebt. Wer Krieger war, heißt es, konnte im Riesenmaßstab ganz bewußt machen, was Kinder und Kindeskinder sich heut bestenfalls im kleinsten Therapiezirkel bewußt machen dürfen. Es blühen sadomasochistische Phantasien, denn wir sind depressiv verstimmt, solange wir durch einen Rechtsstaat noch vor uns selbst geschützt sind. Die Notwendigkeit, um der seelischen und der geistigen Gesundheit willen nun auch verschwiegenste Tabu-Regungen nicht vor sich selbst zu verstecken, wird umgemünzt in die verdammte Pflicht und Schuldigkeit, diesen alten Adam, diese alte Eva offen 'rauszuhängen', erst auf der therapeutischen Spielwiese und später auf der freien Wildbahn. *Neue Kultur* ist Gruppentherapie, in der jeder jedem endlich sagt, was er will, nämlich dasselbe wie jeder andere, und daß ein jeder, um auch mal dranzukommen, andere stillhaltend gewähren lassen muß.

Man weiß nicht, was die Patienten mehr bedauern, unrespektable Familien zu haben oder sich zu respektablen Familien nicht froh bekennen zu dürfen.

Der Konsument sucht in der sogenannten Kultur Bestätigung für das, was er ohnehin selbst schon denkt und fühlt und will und tut. Was auch nur ein bißchen hinausgeht über das, was einer sowieso schon meint und sagt, wird als zu "abgehoben' abgewehrt. Jeder will sich 'einbringen' dürfen, damit die Werke der Kultur nichts in ihn hineinbringen können, und nichts darf zu weit abgehoben sein von der Scheiße, in der alle herumrühren. Alles soll für jeden so geändert werden, daß er selbst sich nicht mehr ändern muß, und er redet von einer Kultur, die ihm nach dem Munde reden soll. Die Kunst soll sich auf mein Niveau herabbemühen, damit ich mich nicht aufs Niveau der Kunst bemühen muß, die diesen Namen noch verdiente. Vom Surrealismus bis zu *Pop* wollte die Kunst hinunter zu den Menschen, damit sie so, wie sie sind, sich für kultiviert halten dürfen. Diese „Neue Kultur“ befreit die Menschen, indem sie sie für frei erklärt per Happening.

Die Menschen sind nur noch zivilisatorisch ungeformte Naturerzeugnisse direkt von den Bäumen. Eine Aussage, die meist nur noch eine Gesinnungsbekundung ist, ein Cliquenzugehörigkeitssignal, gilt als umso echter und wertvoller, je gestammelter sie vorgetragen wird ohne unangenehme Flüssigkeit.

Rhetorische Eleganz wird a priori der Hochstapelei und Betrugsabsicht verdächtigt, auf die hier im Ernst niemand hereinfällt. Von der Psychologie erwartet der Zeitgenosse, ihn in dem zu bestätigen, was an ihm häßlich und hassenswert ist, einen wissenschaftlichen Freibrief gleichsam. Der Psychologe soll ihm sagen, daß er liebens- und bewundernswert ist in dem, was an ihm gerade abscheulich ist, weil ihn sonst eine ausgewachsene Depression erwartet. Ein geregelter Austausch von Grunzlauten, Stallgerüchen und eher nonverbalen Signalgrimassen ist heute anerkannt als echtes Gespräch und wird Diskussion oder gar „Diskurs" geschimpft. – Die autistische Unfähigkeit, auch nur drei grammatikalisch wohlgeformte und sinnvoll zusammenhängende Sätze zu bilden, wird gefeiert als authentische Weigerung, eine Sache zu zerreden.

Die tiefere Bedeutung einer Sache liege im tiefen Schweigen. Die Fähigkeit, eine Rede zu halten, bei der niemand einschläft, der selbst eine halten kann, gilt als fatale Neigung zum Geschwätz in einem Land, das dazu neigt, im Parlament nur eine „Quasselbude" zu sehen.

Die psychotherapeutische Normalsituation ähnelt dem Klima einer Verschwörerbande, deren Neuzugänge sich noch mißtrauisch beschnüffeln lassen müssen. Der Initiationsritus gebietet, daß jeder sich überwindet, vor jedem anderen der Horde die Hosen herunterzulassen und sich ihm durch ein Faustpfand in die Hand zu geben. Vor Fremden darf man ungeschützt verraten, was man intimeren Familienangehörigen ja verschweigen muß. Ich darf Henker und Opfer eines jedes anderen ungestraft spielen, ohne daß es gegen mich verwandt wird; die guten Sitten sind da probeweise suspendiert, die Polizei schreitet nicht ein, und die kostbare Offenbarung, daß alle anderen ebensolche Schurken oder Schwachköpfe sind wie ich, bildet die Gemeinschaft. Als zivilisiert gilt, wer sich rundum wohlfühlt als der, der er nun mal ist, und damit basta.

Kultur besteht darin, die Leute leben zu lassen, wie sie wollen, nämlich auf Kosten anderer, die das nicht wollen und nicht gefragt werden. Wie wir sind, so sind wir in Ordnung, man nehme uns, wie wir sind, und alles, was uns das bestätigt, nennen wir Kultur.

Freiheit ist das einklagbare Menschenrecht auf die eigene Unbelehrbarkeit, Faulheit und Unersättlichkeit, das unveräußerliche Bürgerrecht darauf, sich ungeniert gehen zu lassen und seine verwöhnten Macken und launischen Anspruchshaltungen ungehindert an Opfern, die zu „Herrschenden" erklärt werden, austoben zu dürfen. Wer von fremder Arbeit lebt, verbirgt das hinter seinem Aufstand gegen die „Repressivität von Leistungs- und Konkurrenzprinzip", und wem das Lernen zu anstrengend ist, beruft sich auf sein Widerstandsrecht gegen herrschende Kulturdressur.

Was wird aus dem gemacht, das er aus sich macht?

Er lernt die „Selbstdarstellung", die sich „einbringt" und dabei ihre Vorrechte anmahnt. Die Psychotechniken der Selbstausbreitung beruhen einfach darauf, daß der letzte Rest an schlechtem Gewissen als eine falsche Bescheidenheit und „verinnerlichte Überich-Rigidität" zwanglos wegtherapiert wird.

Die ganze Psychologie wird dazu mißbraucht, zutiefst berechtigte Schuld- und Schamgefühle als schlechtes Erbe schlechter Eltern besten Gewissens als Restballast über Bord zu werfen.

Geist ist längst zu Corpsgeist verkommen und Solidarität zur sanften Gewalt, jeden heiligen Zorn ins Unrecht zu setzen. Die Strategien des 'passiven Widerstands' testen die Grenzen der Zumutbarkeit und die aggressive Sanftmut schiebt liberale Toleranzgrenzen millimeterweise hinaus, bis die Demokratie sich demokratisch abwählen läßt unter außerparlamentarischem Druck der Straße, die den Willen der Mehrheit parodiert. Der weinerlich tobsüchtige „Narzißmus" ist da nur eine schönfärberische Umschreibung für recht launische Wechselbäder von Ohnmachtsorgien und Allmachtsanfällen. Eine persönliche Psychose wird gerade noch von einer kollektiven abgefangen.

Psychologie wird gefeiert als praktische Produktion und theoretische Legitimierung von unverklemmter Ungeniertheit. Der coole Neonarziß linksliberaler Szenen verzichtet darauf, andere ändern zu wollen, wenn ihm versprochen wird, sich für diese anderen nicht selber ändern zu müssen. Jeder will vom anderen eidesstattlich bestätigt bekommen, daß er so, wie er nun einmal ist, schon ganz in Ordnung und ein fabelhafter Mensch sei mit liebenswerten Webfehlern. Ein Freud hat das nicht getan, und deshalb beeilen sich alle, Freuds Einseitigkeit zu überwinden, und rennen denen nach, die ihnen nachrennen, dem „positiven Denken der Geistheiler".

Man läßt nur noch Psychoanalytiker an sich heran, denen man zuvor alle Zähne herausgebrochen hat. Man geht hinter Freud zurück unter dem Vorwand, über ihn hinauszugehen, und geht über ihn hinaus unter dem Vorwand, über seine vermeintlichen Einseitigkeiten hinausgehen zu müssen. Freud hatte das, wofür Leute sich selber halten, ja nicht für bare Münze genommen, sondern allein für Mittel, um herauszufinden, was sie wirklich sind.

Psychoanalysierte sind heute nicht erwachsener, sondern haben nur den stolzen Mut dazugewonnen, ihre Infantilität offen zu bekennen, statt sie zu verdrängen oder gar zu überwinden. Moderne Therapien machen aus liebenswert scheuen Neurotikern offen egoistische Rüpel, das ist alles, und geheilt ist, wer mit den Leichen prahlt, die er im Keller hätte, wenn die Verhältnisse anders wären. Rühr es bei mir nicht an, dann laß ich es auch bei dir zufrieden.

Bei den C. G. Jungs wird nicht analysiert, sondern der Patient in dem Bild bestätigt, das er von sich haben und vermitteln möchte. Hinter der manifesten Fassade wird kein unbewußt latenter Gedanke gesucht, und die Träume werden nicht gedeutet, sondern wörtlich genommen zum Nennwert. Freuds Psychoanalyse ist ja massive Kritik am Menschen, Jungs „Psychosynthese“ erklärt den Wahnsinn des Patienten zu seiner geheimen Gesundheit. Der eine stellt mich zutiefst in Frage, der andere schmeichelt mir hemmungslos, und es ist unschwer zu verstehen, warum die sanften Ideologen des 'New Age' und des 'Wassermann-Zeitalters' noch einmal Freud mit Jung erschlugen. Die neuen Schlawiner gehen sehr zärtlich und heikel mit sich und ihresgleichen um; Kritik ertragen sie nur an ihren Kritikern. Freud wird gezielt mißverstanden, als habe er uns ermutigt, guten Gewissens kein Gewissen zu haben und Rousseaus edlen Wilden aus dem kulturellen Charakterpanzer zu erlösen.

Aus der Psychologie wird die Legitimation bezogen, die „Sekundärtugenden" zum Teufel zu schicken und sich die Tünche der guten Sitten vom nackten Fell zu kratzen. Die progressive Selbstverwahrlosung und „Entsublimierung" will in jedem Bürgerkind den Kaspar Hauser freisetzen, und wenn im Gold letztlich nur Scheiße steckt, dann ist unser Scheißhaus die wahre Goldgrube. Da der Vorfahr pünktlich zum Appell antrat, kommt der Nachkomme nicht einmal pünktlich zum Rebellen-Treffen.

Abfall von wem?

„Du kannst dir doch wohl denken, weshalb ich jetzt anrufe, oder? – Keine Ahnung, sagst du? Nun tu mal nicht so unschuldig. Um was es geht? Als ob du das nicht wüßtest. Ruft mich doch gerade eben so einer an aus dem Haus, in dem du wohnst, und fragt, wie ich dazu komme, meine Abfälle dauernd in eure Mülltonnen zu schütten. Ich denk, ich hör nicht richtig. Er wundert sich schon länger, sagt er, warum die Müllkippe vor eurem Haus immer so randvoll ist und schon überquillt, was weiß denn ich. – Und das könnte doch wohl nicht nur von den Bewohnern eures Hauses sein, und das sei doch früher auch nicht so gewesen, quatscht er mir die Ohren voll. Ich frage mich natürlich, wie der gerade auf mich kommt, wo ich doch am ganz anderen Ende der Stadt wohne, und daß das nur ein Mißverständnis sein kann. Nein, nein, sagt er, er habe im Müllcontainer mal letztens ein bißchen herumgewühlt, um einen Anhaltspunkt zu finden, und die Suche habe sich wirklich gelohnt. Schließlich hatte er da einen Wisch herausgefischt aus den stinkigen Abfällen, einen Wisch, auf dem mein Name und meine Anschrift und Telefonnummer standen, und was denn wohl, bitte schön, mein verdammter Müll in eurer verdammten Abfallkippe zu suchen hätte: Ob ich ihm das bitte mal erklären könne. Richtig fuchtig ist der geworden, weil er sich völlig im Recht fühlte, und hat mit Anzeige gedroht und so. Dich frag ich, wie der gerade auf mich verfallen ist, was ist da denn eigentlich los?

Mensch, warum lachst du, da gibt es doch überhaupt nichts zu lachen! Ich bin echt sauer und bedient. Als hätte ich hier bei uns vorm Haus keine eigenen Mülleimer! – Nun mal ehrlich : Dahinter steckst doch du, oder? Das ist doch ein schlechter Scherz, oder? Du wolltest dich doch rächen, mein Lieber, weil ich vor ein paar Tagen mit uns beiden Schluß gemacht hatte, bevor es richtig losging!

Nun hör mir doch endlich mal zu ... Du, du hast mir diesen dummen Streich gespielt, da kommt gar kein anderer in Frage, gib es zu! – Ziemlich fies, wenn du mich fragst. Und das alles nur, weil ich nicht wollte? Das Verlierenkönnen hast du auch nicht erfunden, mein Guter. Ja, es stimmt, daß du für mich zu alt bist, ich habe es dir mehrmals gesagt, mein Guter ... und daß ich sonst nichts gegen dich habe, und daß es mir wirklich leid tut für dich, und daß mein Mann gestorben ist, und ich will nicht daran erinnert werden durch einen zweiten Mann, der für mich zu alt ist, über zehn Jahre zu alt, auch wenn er noch so nett sein sollte, so nett wie du, ja, und ich will nicht, daß noch ein Mann vor mir ... Und du hattest das auch eingesehen, doch, ja, wenigstens hast du das gesagt und so hingenommen und akzeptiert und kein Theater gemacht und basta, da kann man eben nichts machen, und je eher wir das aussprechen, um so leichter für beide Teile, und du warst auch ganz vernünftig und so ... Und nun das da! Mir deinen ganzen Müll anhängen, und alles nur, weil ich dir einen Korb gegeben habe, also ich kapier das nicht, erklär mir das, wenn ich mir dabei nichts Böses denken soll, bitte, wie kommt der Knilch dazu, ausgerechnet mich zu verdächtigen, daß das Zeug da bei euch ...

Das kann doch nun wirklich nur von dir kommen, was lachst du denn immer noch, da gibt es wirklich nichts zu ... Also hör mal ... Hast du den Zettel geschrieben, mit meinem Namen und meiner Anschrift, oder nicht? Na also ... Und hast du den in euren Müll praktiziert, damit eure Wühlmaus den da findet oder nicht? Also bitte ... Waaas, das gibst du zu? Ja, aber ... Bis jetzt hab ich ja noch an ein bloßes Versehen geglaubt, aber nun ... Jetzt laß mich doch endlich mal ausreden und rede nicht immer dazwischen, das ist auch so ein Fehler von dir ... Das ist doch ... Was du mit dem Zettel denn sonst hättest machen sollen, nachdem ich dir den Laufpaß ...? Das fragst du noch? Was redest du da? – Zeichen von oben und höhere Fügung? Sag mal, bist du noch ganz richtig im Kopf, du willst mich wohl ... Was erzählst du da für Blödsinn?

Euer Müllheini hätte uns beide wieder zusammengeführt? — Und wir sollten ihm dafür eine Flasche Sekt spendieren, das meinst du doch nicht im Ernst, oder? Füreinander bestimmt? Die Abfalltonne, was ist mit der? – Ohne die wären wir beide bestimmt nie wieder ...? Und du als der Ältere von uns beiden ... ich hör immer nur Abendessen. Wohl aus der Mülltonne, was? Einladung? Und das soll ich dir glauben, daß das Ganze nicht doch nur eine ganz unsaubere ... ?

Also gut, heute abend um zwanzig Uhr, du hast gewonnen. — Oder gelogen ... Nein, nein, keiner sagt, daß du zum alten Eisen ..."

Gnomologisches Denken

Der Nominalist Adorno sah das Ganze als das Unwahre, weil er es nur als das Begriffliche kannte. Das wahre Ganze aber ist kein allesverschlingender begrifflicher Umfang, sondern nach *Hermann Schmitz* eine „vorbegriffliche Intension", die vom 'nachleuchtenden' Verstand nur begrifflich eingeholt, aber nicht erzeugt und den Einzelheiten aufgezwungen werde.

Bei Adorno ist die Identität begrifflich und die Differenz sinnlich, bei Schmitz umgekehrt die Differenz rational und die Vereinigung von Teilen zu einem Ganzen affektiv. Die Ratio ist für Schmitz das Vermögen der eindeutigen Unterschiede und für Adorno das ihrer zwangsweisen Vereinigung; das amorph Diffuse sieht Adorno im Detail und Schmitz umgekehrt im Ganzen. Das sollte festgehalten werden, um jene totalisierende Verwirrung zu vermeiden, die der Dialektiker Adorno vom Intellekt fürchtet und der Phänomenologe Schmitz vom Affekt erhofft. Eine aphoristische unterscheidet sich von einer regelrechten Definition dadurch, daß die spezifischen Differenzen zu unvereinbaren Wesensbestimmungen werden und das „genus proximum" zum Ort ihrer paradoxen spielerischen Identifizierung. Das Nächsthöhere der Gattung wird zum Weithergeholten und das artbildende Differenzieren zur Unverträglichkeit nicht mit anderen, sondern mit sich selbst. Das aphoristische Generalisieren ist die Vereinigung von Unvereinbarem unter einen paradoxen Oberbegriff und das aphoristische Spezifizieren eine Selbstteilung des Einfachen durch Unvereinbarkeitsbeschluß. Ist das menschliche Bewußtsein eine potentielle Aphorismensammlung?

Was bleibt von philosophischen Methoden übrig im Hinblick auf den Aphorismus? Bei jeder philosophischen Strömung und Disziplin sind die antagonistischen Grundbegriffe zu finden, deren unlösbare Konfliktspannung oft nur vom Aphorismus gegen die explizite Intention der Philosophie festgehalten wird.

Gerhard Neumann zeigte 1976, daß die deutschsprachige Aphoristik um 1800 entstand und kulminierte, als Kants 'zweite Kopernikanische Wende' die transzendentale Subjektivität hinter allem objektiven Anschein entdeckt hatte. Ich sehe die Erde subjektiv als unbewegt und muß sie doch objektiv als bewegt denken, hatte Kopernikus gesagt. Ich sehe alles objektiv und muß es doch als subjektiv denken, drehte Kant seinen Kopernikus wieder um. Ich bin mir meiner selbst bewußt und muß mich doch unbewußt bestimmt denken, sagte Freud in einer gleichsam dritten kopernikanischen Wende, die dem unbewußt Objektiven abermals Recht gibt gegen den subjektiven Anschein.

Dieses Oszillieren zwischen affektivem Anschein und objektiver Realität oder umgekehrt zwischen objektivem Anschein und subjektiver Realität, ohne eins gegen das andere auszuspielen, ist das Thema des Aphorismus, der auf höchst subjektive Weise etwas nicht weniger Objektives aussagen will oder umgekehrt. Kant wollte Humes Empirismus, der die aphoristischen impressions and ideas aufeinander und nicht auseinander folgen sah, verbinden mit dem pointillistischen Rationalismus eines Leibniz, der eine 'prästabilierte Harmonie‘ der 'fensterlosen Monaden' im Kopf des Aphoristikers postuliert. Aber die Maxime vereinigt nicht die sinnliche Mannigfaltigkeit mit der rationalen Einheit, sondern lebt von deren Konflikt zwischen Erscheinung urtd Ding-an-sich, Natur und Freiheit. Der jeweils ganze Gegenstand und die Natur als das Ganze aller Gegenstände werden erst ganz erfaßt von einem System potentiell unendlich vieler und unendlich kleiner Gnome, die das System immer wieder sprengen. Gnome ist *und* sind nie vollzählig.

Salomon Maimon verschob, ohne es zu wollen, Kants Kritizismus zu Fichtes Subjektivismus, der zur Frühromantik führte, indem er Kants *transzendentale Ästhetik* mit Leibniz zu „Differentialen der Sinnlichkeit" rationalisierte, die der positivistische Baconist Lichtenberg dann aphoristisch interpretierte als infinitesimale Annäherung an die regulative Idee der erschöpfenden Ganzheit aller Aspekte eines Gegenstandes. Aphorismen sind keine „synthetischen Urteile a priori", die es für Maimon nicht gibt, sondern demonstrieren die aporetische Unlösbarkeit des Konflikts zwischen den apriorischen Vernunftwahrheiten und aposteriorischen Tatsachenwahrheiten ohne Synthese. – Fichtes Lehre von der Einbildungskraft als „gemeinsame Wurzel von Verstand und Sinnlichkeit" zerbrach an seinen Widersprüchen von Ich und Nicht-Ich : Novalis und Schlegel machten aus der Not dieser Widersprüche dann die Tugend ihrer fragmentierten Gegen-Sätze. Schellings „System des transzendentalen Idealismus" von 1800 sprach nicht von Fragmenten, beschrieb aber gut frühromantisch die Kunst als 'Organon der Philosophie' und lieferte mit der Philosophie als Kunst und der Kunst als Philosophie eine Theorie des frühromantischen Aphorismus.

Er ist der elementare „Protokollsatz" der Positivisten, eine Einzelbeobachtung, die im „Basissatz" allerdings immer schon Theorie impliziert, die sie nie ganz verifiziert. Der Kritische Rationalist sollte den Aphorismus schätzen als falsifizierbar formulierte Arbeitshypothese, die ein 'piece-meal engineering step by step' erlaubt, mit infinitesimalem Progressus ad infinitum, den der Romantiker Fichte nach Kant als einzige Form der Ganzheit ewig anstrebte und den der Anti-Aphoristiker Hegel als 'schlechte Unendlichkeit' perhorreszierte. – Die 'Analytische Philosophie' hat diesen 'Basissatz' noch nicht entdeckt, weil er ihr Instrumentarium oft überfordert und doch ihr übersichtlich ideales Forschungsobjekt wäre, an dessen Eleganz sie sich bis zur Unergiebigkeit die Zähne ausbeißen könnte. Apo-horismen sind analytische Definitionen, die einerseits linguistische Begriffsanalysen geradezu herausfordern, andererseits aber auch selber analytischer philosophieren als die Strukturlinguisten selber.

Aphoristiker sind auch Hermeneutiker, die ihrerseits hermeneutisch verstehbar sind, weil der Aphorismus ganze Wissenssysteme voraussetzt, mit denen er nur spielt, deren Quintessenz er zusammenfaßt oder als Ausnahme in Frage stellt. Er ist ein Rätsel mit mehrdeutiger Lösung und braucht nach Nietzsche jene 'Kunst der Auslegung', die er selber in bezug auf Bezugssysteme darstellt. Der hermeneutische Zirkel bedeutet dann, daß das Verstehen eines Aphorismus das Vorverständnis ganzer Wissenssysteme voraussetzt, auf die aber umgekehrt erst von diesem Aphorismus aus ein neues Licht fällt. Er ist der Schlüssel für ganze Systeme, ohne deren Verständnis er selber unverständlich bleibt.

In dem 1994 erschienenen Buch über „Neue Grundlagen der Erkenntnistheorie" hat der Kieler Neophänomenologe *Hermann Schmitz* zum erstenmal einen gemeinsamen begrifflichen Nenner gefunden zwischen dem Witz und der Anthropologie. Schmitz spricht nicht vom Aphorismus, aber wer den von ihm in Analogie zum Sachverhalt beschriebenen „Witzverhalt" als Gegenstand auch und gerade des aphoristischen Denkens begreift, hat auf anspruchsvoller philosophischer Ebene den alten Kreis zwischen humanistischer Menschenkunde und pointierter Sentenzenkunst endlich wieder geschlossen. Die gemeinsame Grundlage sowohl des aphoristischen Witzverhalts wie der personalen Situation des Menschen sieht Schmitz in dem von ihm neuentdeckten Typ des „instabilen Mannigfaltigen", das „unstimmig oszilliert" zwischen der „chaotischen" (hinsichtlich Identität und Verschiedenheit unentschiedenen) Vielfalt und der zahlfähig eindeutigen „numerischen Mannigfaltigkeit", d.h. in der Terminologie des Phänomenologen zwischen der „personalen Regression" zu „primitiver Gegenwart" und der „personalen Emanzipation" zu

„entfalteter Gegenwart", zwischen „leiblicher Ergriffenheit" und besonnener Begrifflichkeit, also vulgo schwankt zwischen Gefühl und Gedanke. Wer diese ebenso präzisen wie geschmeidigen Kategorien mal fruchtbar machen will für eine Theorie des aphoristischen Denkens, muß die vieldeutig kurze 'Gnome' (griech. ‚Erkenntnis') als etwas beschreiben, das der menschlichen Subjektivität und Biographie besonders angemessen ist. Wir werden zu zeigen versuchen, daß Schmitz die Subjektivität und das Bewußtsein nicht anders beschreibt, als der Aphorismus zu beschreiben wäre – als bevorzugter Ort für etwas, das als ein und dasselbe doch „von sich selbst verschieden" ist und in aller Vielspältigkeit doch nur dasselbe Phänomen ist.

Der Aphorismus vereinigt wie das Bewußtsein, wie die Lebensgeschichte jedes Menschen viele unvereinbare Dinge, ohne sie in einen Einheitsbrei aufzulösen, und unterscheidet unverträgliche Dinge genau, ohne disparat in sie zu zerfallen. Auch das Leben und sein Bewußtsein umspannen inkompatible Bestimmungen, die es nicht in diverse Bestandteile zerreißen, weil es unentschieden bleibt zwischen scharfsinniger Unterscheidung und zugleich affektiver Verwirrung der Differenzen. – Mein Sein und Bewußtsein ist eine Identität unstimmiger Selbstdifferenzen und wie der zündende Witz eine erlebte Identität von Identität und

Selbstverschiedenheit in 'widerspruchsfrei unendlichfacher Unentschiedenheit' zwischen numerischer Entschiedenheit und entschiedener Unentschiedenheit (des Chaotischen in individuierender „leiblicher Enge") – Irritation in Permanenz.

Der Aphorismus kann auch von der unlösbaren Spannung leben zu einer Wissenssoziologie, die wie die „Frankfurter Schule" das Wissen, *daß* alles Wissen gesellschaftlich bedingt sei, nicht selber soziogen relativieren kann. Die 'Kritische Theorie' hat wenigstens in der Version Adornos dem Aphorismus ohnehin eine zentrale philosophische und ideologiekritische Funktion gern zugebilligt, als ideales Medium, jede Vernunftkritik rational zu formulieren und den unschlichtbaren Konflikt zwischen Sein und Bewußtsein auszuhalten, zwischen Natur und Geist, Allgemeinheit und Einzelheit, Gefühl und Gedanke. Gerhard Neumanns Vorwort zur Aufsatzsammlung „Der Aphorismus" zeigte das 1976. Adornos „Negative Dialektik" von 1966 läßt sich lesen als Theorie **der** aphoristischen Antithetik, die Hegels synthetische Systeme systematisch sprengt.

Husserl war alles andere als ein Aphoristiker, aber jeder Aphorismus ist eine Wesens- oder Unwesensschau, welche hinter den objektiven Einsichten die subjektiven Absichten als 'Intentionen' entdeckt und die 'erkenntnisleitenden Interessen' in ihrem Konflikt mit allgemeingültigen Erkenntnissen darstellt. Die phänomenologische Aphoristik zwischen Anschauung und Abstraktion begreift das Anschauliche, indem sie das Un-Wesen der Dinge anschaut. Aphorismen haben psychologische Genesen und doch 'noematische' Geltung als „Sätze an sich". Sie können die Wesensanalysen des frühen Husserl leisten und zugleich in ihrer Partikularität eine ganze Lebenswelt aufblitzen lassen für die transzendentale (Inter-)Subjektivität des späten Husserl. Sie sind die real existierenden Widersprüche zwischen der unkonstruierten Evidenz des anschaulich unmittelbar Gegebenen und der Stringenz des logisch Exakten.

Die Arbeit des Kieler Neophänomenologen Hermann Schmitz über „Neue Grundlagen der Erkenntnistheorie" zeigte 1994, daß der aphoristische 'Witzverhalt' sogar zum Leitfaden der Anthropologie aufrücken kann, weil er grundexemplarisch die 'instabile' Unentschiedenheit zwischen 'numerischer Entschiedenheit' und 'chaotischer Unentschiedenheit' symbolisiert, die die labile Struktur der 'personalen Situation' zwischen Affektivität und Objektivität, zwischen Betroffenheit und Besonnenheit charakterisiere : Phänomenologie als die Theorie des Aphorismus, der durch alle Konstruktionen hindurch 'zurück zu den Sachen' geht, indem er zum Witz an der Sache kommt. Ist der Aphoristiker, wo er das 'begrifflich Vermeinte durch originäre Anschauung erfüllt', sogar noch der bessere Phänomenologe?

Gegen naturwissenschaftliche Objektivität ging es von Husserl zu Heidegger. Auch unter den Existenzphilosophen gibt es keine Aphoristiker, aber Sartre gilt als der „Fichte des 20. Jahrhunderts", und Fichte war nicht zufällig der Theoretiker der frühromantischen Fragmente von Novalis und Schlegel. Das 'universalpoetische' Programm einer subjektiven Freiheit von und zu allem wird vom Existentialisten Sartre moralisch und politisch zuendegedacht. Der Aphorismus gestaltet in immer neuen Anläufen die Unversöhnlichkeit zwischen existentieller Freiheit von allen Fakten und objektiver „Stellung des Menschen im Kosmos", zwischen dem situierten Engagement und der universellen Erkenntnis.

Schopenhauer gestaltete den ewigen Konflikt zwischen subjektivem „Weltwillen" und objektivem „Weltauge", aber erst Nietzsche feilte jene „Aphorismen zur Lebensweisheit", die bei seinem Lehrer noch ausgewachsene Essays waren.

Auch die 'Dekonstruktivisten' Lyotard, Baudrillard, Derrida, Foucault, Le Man u.a. haben trotz aller Anknüpfung bei Nietzsche bisher keine Aphorismen geschrieben. Während die Postmodernen wie Derrida die „différance" weg vom 'Logozentrismus' betreiben als Gegensatz und 'Aufschub' der rasanten modernen Rationalisierung zugleich, konzentrieren Aphorismen die aporetischen Erzdifferenzen zwischen allgemeiner Vernunft und ganz besonderer Abweichung davon.

Von der Hermeneutik bis zur Postmoderne begünstigt der Wahrheitsanspruch der Rhetorik auch und gerade den Aphorismus, der vom Sprach-Apriori lebt.

Wenn die „Kritik der kommunikativen Vernunft" von Habermas eine *ideale Kommunikationsgemeinschaft* beschwört, setzt der Aphorismus auf einen realen Einzelgänger. Wenn die „Transzendentalpragmatik" seines Freundes Apel den argumentativen Konsens sucht, findet der Aphoristiker nur seinen ideellen Dissens. Habermas sieht am Ausgangspunkt die vielen verschiedenen Standpunkte, denen eine Einigung fehle; der Aphoristiker sieht überall die Einstimmigkeit, der umgekehrt die „postmoderne" Abweichung des Paradigmenbruchs fehlt.

Seine 'autopoetische' Selbstbezüglichkeit lebt laut Systemtheoretiker Luhmann von der Spannung zwischen der Umweltkomplexität und der kulturellen Komplexitätsreduktion. Der Aphorismus ist diese Differenz zwischen Identität und Differenz, seine Rasanz schiebt die Rasanz der Moderne auf, die er zugleich bestens ausdrückt. Er war ein Schibboleth der Dandies wie Wilde und Baudelaire, und der Dandy war der elitäre Vorläufer der inzwischen popularisierten postmodernen Coolness, die sich von Projekten, Objekten und Affekten nicht mehr überwältigen läßt, sondern spielerisch alles ergreifen und unergriffen (oder hysterisch) wieder fallenlassen kann.

Wenn Paul Feyerabend ‚wider den Methodenzwang' polemisiert, bekommt auch Bacons 'traditio per aphorismos' eine Chance. Und wenn Odo Marquard nach Joachim Ritter die Traditionsverluste philosophisch und ästhetisch kompensiert, dann war die Aphoristik immer etwas wie deren traditionelle Überkompensation. 'Gnome', griechisch : Erkenntnis(vermögen), entscheidet sich nicht mit Plato für die Idea und gegen die Doxa, sondern flackert instabil zwischen parmenideischem Sein und heraklitischem Werden, zwischen Leib und Seele, Begriff und Objekt, also zwischen Element und Menge, Subjekt und Objekt, Vernunft und Leidenschaft.

„Ich denke, also bin ich", und wer denkt mehr als ein Aphoristiker, der den Konflikt zwischen res cogitans und res corporea eher schürt als schlichtet. Ich denke, sobald ich nicht bin, sagte Lacan. Ist das Unbewußte strukturiert wie ein Aphorismus – der sich dem Unbewußten ja stets kurz überlassen hat? Liebe und Geld regieren die Welt : Materielle und sexuelle Motive, die das Untere gegen den Überbau zur Geltung bringen, waren dem Aphorismus sehr früh selbstverständlich, aber er führt nicht den Leib auf die Seele zurück oder den Geist auf die Natur, sondern hält den Konflikt aus zwischen Konflikt und Harmonie von Leben und Idee. Die *unio mystica* und den differenzierenden Scharfsinn spielt er nicht gegeneinander aus, sondern reizt beides aneinander hervor.

Auf der Schwelle zur Neuzeit versteht Cusanus jedes Ding als durchaus aphoristisch interpretierbaren Zusammenfall der Gegensätze. Die „Paradoxa" des lutherischen Mystikers Sebastian Franck sind ebensolche Aphorismen wie viele barocke „Sinnsprüche" des Cherubinischen Wandersmanns Angelus Silesius.

Hegel hat eine Phänomenologie des Geistreichen an wenigstens drei Stellen seiner „Phänomenologie des Geistes" vorgeführt, an antiken Skeptikern, an französischen Salons des 18. Jahrhunderts und an der frühromantisch „schönen Seele". Der Skeptiker „läßt den unwesentlichen Inhalt in seinem Bewußtsein verschwinden, aber eben darin ist es das Bewußtsein eines unwesentlichen; es spricht dies Verschwinden aus, aber das Aussprechen i s t; es spricht die Nichtigkeit des Sehens und Hörens usf. aus, aber es sieht, hört usf. selbst ... Sein Tun und seine Worte widersprechen sich immer." Das „zerreißende Urteilen ... ist daher das Wahre und unbezwingbar, während es alles überwältigt." „Die geistreiche Sprache" macht das Selbst „zum geistigen, wahrhaft allgemeingültigen". – Die „moralische Genialität" der frühromantischen Fragmente ist für den Heuchler Hegel nur „niederträchtige Heuchelei", Novalis' Gnomik sei „zur Verrücktheit zerrüttet, und zerfließt in sehnsüchtiger Schwindsucht."

Aphorismen sind induktiv gewonnene und dann experimentell überverallgemeinerte Regelausnahmen, von denen deduktiv auf andere Einzelfälle geschlossen wird, die gewöhnlich nicht darunter subsumiert werden. Die Aphorismustheoretiker Bacon, Lichtenberg, Stuart Mill und Adorno waren bei aller Verschiedenheit nicht zufällig nominalistische Induktivisten. Der Aphorismus assoziiert nichts Nächstliegendes, sondern nur Entlegenes und dissoziiert dadurch das gewöhnlich automatisch Assoziierte.

Als implizit deduktiver Schluß aus induktiv gewonnenen Urteilen ist er nicht selten ein Analogieschluß von der metaphorischen Ähnlichkeit verschiedener Dinge in einigen Punkten auf eine ebenso wahrscheinliche wie bisher übersehene Ähnlichkeit auch in anderen Punkten. Analogien sind Ähnlichkeiten und Unterschiede zugleich.

Viele aphoristische Urteile subsumieren unter einen Begriff Objekte, die durch Analogien verbunden werden, während ihre Unterschiede zu bloßen spezifischen Artdifferenzen herabgesetzt werden und ihren Allgemeinbegriff doch zugleich transzendieren. Einige Aphorismen füllen kumulativ stetig ein Paradigma, andere wechseln es sprunghaft und regen nach T. S. Kuhn (1976) „außerordentliche Forschungen" an.

Nicolai Hartmanns 'Aporetik' kann als Aphoristik überleben : „Sie vergleicht, prüft, sondiert das Gegebene, stellt die in ihm enthaltenen Unstimmigkeiten fest und gibt ihnen die Schärfe der Paradoxie, die allem Widerstreit im Tatsächlichen anhaftet ... Sie schreitet vom Gegebenen zum Aufgegebenen."

Nach Gottlob Frege hat ein Satz seinen Sinn in einem Gedanken und seine Bedeutung in seinem Wahrheitswert wahr oder falsch (oder unentschieden).

Aphorismen sind Sätze, die als Gedanken auch Sinn haben, wenn sie falsch sind, und auch sinnlos sein können, wenn sie wahr sind.

Wenn Geist darin besteht, das zu kombinieren, was der common sense für unvereinbar hält, und dort Unverträglichkeit zu sehen, wo gewöhnlich ein Einheitsbrei in einen Topf geworfen wird, dann sind *Exogamie und Inzesttabu* zwischen Vorstellungen nur die zwei Seiten derselben Medaille. Aphoristik ist logisch eine Umgruppierung von Klassen und Unterklassen.

Wo von Exogamie und Inzesttabu zwischen Vorstellungen gesprochen wird, ist es nicht ganz abwegig, an so etwas wie eine Psychoanalyse des Geistes zu denken. Auch im Aphorismus ist das metaphorische *tertium comparationis* der väterliche Dritte im Bunde, der die inzestuösen Mutter-Kind-Symbiosen zwischen Vorstellungen auflöst und exogamische Tauscherweiterungen und damit fruchtbarere Mischungen ermöglicht, die Neues bringen. Dieser kluge „Satz" ist ein emanzipierender „Meta-Sprung" (Watzlawick) aus steril übervertrauten Inzestsymbiosen der Repräsentationen; dieser geistige Vater des Neuen schiebt sich zwischen inzüchtig verklammerte Gedanken und macht sie wieder frei für unerprobte sprachfamiliäre Allianzen. Aphorismen bleiben nicht in der Familie, sie heiraten stets in die Fremde, immer auf der Suche nach *goldener Mischung*. Eine gutsortierte Aphorismensammlung ist ein Bild der Allgemeinheit, die nicht an Inzucht verblödet, und so wird Kastrationsangst zur psychologischen Wurzel des Aphorismus.

Mutter und Kind sind in ihrer frühen Dualunion nicht mehr miteinander identisch und noch nicht numerisch entschieden voneinander verschieden, sondern bezüglich Identität und Differenz noch bestimmbar unbestimmt. Das Kind ist „zuendegeboren", wenn Mutter und Kind eindeutig als zwei ganz getrennte Personen abzählbar, also 'umkehrbar eindeutig aufeinander abbildbar' sind, wenn also das Menschenkind von Mutter Natur erst leiblich und dann auch seelisch und geistig abgenabelt ist. Der 'Witz bei der Sache' liegt darin, daß der erwachsene Geist an Frau Welt nachahmt, was er in der Kindheit an der Mutter erlebt hat, sich nämlich zugleich mit Mutter Natur immer noch eins und doch ihren Brüsten immer schon entwöhnt zu fühlen. Noch im Mutterleib geborgen und zugleich schon von der Mutter geboren, in aller Entwöhnung noch nicht ganz frei von ihr, aber bei aller Abhängigkeit doch auch schon ganz abgenabelt, verbunden *und* entbunden, ist es eine Selbständigkeit an der langen Leine und eine Symbiose inmitten der Trennung.

Diese Identität von Identifikation und Ausdifferenzierung zwischen Mutter und Kind kann später als 'Witz an der Sache' weggelacht werden. Die Mutter ist gleichsam der Ur-Regressor und der Vater der Ur-Emanzipator in diesen Relationen, zwischen beiden flackert das Gefühl des Menschenkindes in jeder Entwicklungsphase seiner Biographie. Die nach außen zum Vater oder zu den Geschwistern meist abgrenzbare und zugleich „binnendiffus" strukturierte Mutter-Kind-Zweieinheit ist ontogenetisch das prototypische Urbild dessen, was der Kieler Neophänomenologe Hermann Schmitz ganz brauchbar als „chaotische Mannigfaltigkeit" ontologisiert hat, und der erst 1994 von ihm eingeführte Typ der „instabilen Mannigfaltigkeit" wirkt wie abstrahiert vom lebenslangen Schillern zwischen der 'chaotischen' Mutter-Kind-Dyade und der eindeutigen Abnabelung des Menschenkindes von Mutter Natur zu zwei numerisch selbständigen und deutlich voneinander unterscheidbaren Personen. Der große Unterschied zwischen Mutter und Kind noch vor dem kleinen Unterschied der Geschlechter ist Entscheidung zum Abschied von der mütterlichen Scheide, erst buchstäblich und dann nur noch metaphorisch verstanden. Was Schmitz immer wieder beschreibt als plötzlich regressiven Absturz aus der emanzipiert gestalteten Gegenwart des Besonnenen in die „primitive Gegenwart" einer „leiblichen Enge" im „affektiven Betroffensein" von „atmosphärisch ergossenen Gefühlen", hat ihr ursprüngliches psychoanalysierbares *fundamentum in re* hier in der Regression zur frühen Mutter-Kind-Symbiose, und umgekehrt läßt diese und ihr Verhältnis zur erwachsenen Selbständigkeit sich mit Hilfe jener präzisen und zugleich geschmeidigen phänomenologischen Kategorien und Mannigfaltigkeitstypen angemessener beschreiben als bisher üblich. – Daß dabei der Vater gleichsam der Ur-Emanzipator und die (frühkindliche) Mutter der Ur-Regressor der „personalen Situation" des Menschen ist, geht über den fruchtbaren und umfassenden Ansatz von Schmitz, ohne den Rahmen dieses Begriffssystems aber zu sprengen, allerdings schon hinaus. Um die „personale Situation" der Lebensgeschichte als „instabile Mannigfaltigkeit" zwischen „Regression" und „Emanzipation" zu charakterisieren, greift H. Schmitz nicht zufällig zurück auf den *Witzverhalt,* der mehrere unvereinbare Vorstellungen bis zur verblüffenden Verwirrung vermischt und sie im Kapieren oder Rätselraten zugleich sauber voneinander unterscheidet.

Niemals zuvor war eine Anthropologie am Leitfaden des Witzes entwickelt worden, obwohl 'Menschenwitz' früher ein Synonym für menschlichen Geist oder gesunden Menschenverstand gewesen war und

Wissen, Weisheit und Gewitztheit vereinigte. Hier entsteht eine Anthropologie der 'Unstimmigkeit', sowohl dieses als auch nicht dieses und zugleich weder dieses noch jenes sein zu können und zu müssen.

„Der Witz ist die sozialste aller auf Lustgewinn zielenden seelischen Leistungen ... ein entwickeltes Spiel." „Mit der Erweckung des bewußten Denkinteresses ist in der Regel die Wirkung des Witzes unmöglich gemacht. Hierin liegt ein wichtiger Unterschied von Witz und Rätsel." (S. Freud) „Die Abfuhrtheorie scheitert an den sinnigen Witzen, die zum Denken herausfordern und trotzdem Lust schenken", z.B. unabgelachte Lust zum Weiterdenken. (Schmitz: „Der unerschöpfliche Gegenstand", Bonn 1990, S. 167)

Die Psychologie, die W. Dilthey zur Grundlage der Geisteswissenschaften und Th. Litt in seinem Gefolge zur Grundphilosophie machte, habe ich zur Psychoanalyse verschärft, statt mit Heidegger zur 'Daseinsanalytik' abzuschwächen.

„Dieser esprit beschränkt sich in oberflächlichen Naturen auf das Kombinieren einander fernliegender Vorstellungen, wird aber in geistreichen Männern ... durch das Zusammenfassen des vom Verstand Getrennten zu einer genialen Form des Vernünftigen ...

Aber die tiefen, geistreichen Gedanken ... werden nicht zu *einem* allgemeinen Gedanken, aus dem Begriff der Sache entwickelt, sondern nur wie Blitze hingeschleudert." (Hegel: „Enzyklopädie", §394)

An sich ist alles ganz anders, als es uns erscheint, und es wird uns etwas vorgemacht. Noch Nietzsche ist Metaphysiker, soweit er Entlarvungspsychologe ist, der Gründe als Hintergründe und Abgründe aufdeckt, wenn er zur Sache kommt und ihre Ursache sucht. Philosophia prima fragt nach dem ens qua(ternus) ens : Was ist wirklich und was scheint nur so? Die aphoristische Metaphysik ist eine Methode, die traditionellen Fragen der Metaphysik unsystematisch und doch sehr begründet anzugehen, indem das Verhältnis zwischen empirischer und rationaler Wahrheit problematisch wird. Die *Metaphoristik* entlarvt die (vor)letzten Gründe als abgründige Hintergründe und das wahre Wesen hinter dem schönen Schein der Fassadenphänomene. Jeder Spruch erhebt Ein-Spruch einer Lebenserfahrung gegen rationelle Konstruktionen wie Wider-Spruch des rationalen Denkens gegen jeden empirischen Augenschein. Aber sie leitet nicht alles aus einem Prinzip ab, auf das sie alles zurückführt, sondern aus dem Metaprinzip, die Prinzipienfrage zu problematisieren, ohne deshalb die Prinzipienlosigkeit zu legitimieren. Die Metaphorismen haben die Metaphysiken hinter sich, aber nicht so, wie der Positivismus sie hinter sich gebracht und 'erledigt' hat in doppelter Bedeutung, sondern nehmen alle metaphysischen Bestimmungen – samt deren Verhältnis zur physischen Welt – noch einmal metaphorisch, ohne deshalb nur eine weitere Meta-Metaphysik darzustellen. Metaphoristik ist keine positivistische und physikalische, sondern metaphysische Metaphysikkritik, soweit sie eine rationale Vernunftkritik ist, welche die vermeintliche „Unbefangenheit der Lebenserfahrung" (H. Schmitz), die gegen die verités de raison gewöhnlich aufgeboten wird, selber der Befangenheit überführt. Nicht jeder Aphorismus ist metaphysisch, aber die es sind, setzen die unverträglichsten metaphysischen Gegensatzpaare paradox in eins und scheiden sie zugleich scharf voneinander. Der Metaphorismus sucht den springenden Punkt, wo unvereinbare Grundbestimmungen in all ihrer Distinktion verwirrend zusammenfallen und in all ihrer Verwechselbarkeit doch auch wieder präzis unaustauschbar sind. Sie fließen zusammen, ohne aufzuhören, strikt getrennt zu sein, und bleiben jeder für sich, ohne aufzuhören, ganz eins zu sein. Die Metaphoristik schafft keine neuen metaphysischen Terminologien und Gegenstände, sondern ist als Ideologiekritik eine besondere Art, die überlieferten aufeinander und auf ihre a(nti)-metaphysischen Pendants zu beziehen. Wie es einen Witz bei der Sache gibt, so auch einen an der Ursache oder prima causa.

Gerhard Neumann hat 1976 in den „Ideenparadiesen" die Geburt des deutschen Aphorismus aus dem Geist von Kants Revolution der Denkungsart abgeleitet : Nach Kopernikus geht die Sonne subjektiv auf, während die Erde sich objektiv um sie dreht; nach Kant sieht etwas objektiv aus und ist in Wirklichkeit subjektiv. Man könnte nach Freud hinzufügen, daß der Mensch (selbst)bewußt scheint und doch unbewußt bestimmt ist. Jean Paul hat die *rezessiv* und *produktiv* von subjektiven und objektiven Tatsachen „entfremdete Subjektivität" (H. Schmitz) von Schlegel und Novalis anders als ein Hegel nicht in staatsfrommen Systemen „aufgehoben", sondern in unsystematischen Aphorismen, die in Romanen verknüpft wurden, deren Helden Aphoristiker sind und die subjektive und objektive Tatsachen wie moralische und religiöse Normen gegen Jenaer Frühromantiker pointieren, nachdem Jean Paul die Exzesse ihres Meisters in „Clavis Fichteana" (1800) schon theoretisch wegkritisiert hatte.

Verlieren Einzelwissenschaftler sich in langatmigen Einzelheiten, behalten Aphoristiker die schnellere Übersicht, und werfen Weltanschauungen alles in einen Topf, entdecken Sentenzenschleifer den Teufel im Detail. Die „unthematisch tragenden Lebenswelten" sind längst tote Wissenssysteme, und das „vorwissenschaftlich unausdrückliche Hintergrundswissen" wurden die vordergründigen Dummheiten im Allnächtlichen von Sonn- und Alltagsforschern. Die unlösbare Spannung zwischen technischer Wissenschaftswelt und natürlichem Alltagsleben zündet, wenn überhaupt, dann nur noch in kurzen Geistesblitzen. Die ersten Aphoristiker waren *Mediziner* erst des Körpers, dann des Volkskörpers, und verschreiben Geisteskranken noch heute vergoldete Diätpillen.

Es gibt kein Individuum, bei dem die Natur sich nichts gedacht hätte, und der Schöpfer selbst oder durch die Natur hindurch setzt keine Automaten in die Welt, sondern vielversprechende Hoffnungen, die allerdings so frei sind, sich begraben und zu Automaten machen zu können. Ich bin nicht so frei, nicht geboren worden zu sein und nicht sterben zu müssen, aber so frei, um herauszufinden, welche Affekte mir noch Spielraum geben, sie zu beantworten.

Ich denke, also bin ich, sollte der Arbeitssklave sagen – Descartes hatte Recht und kommentierte damit Buddha: Ich bin, was ich denke. Ich denke nur, daß ich denke, geben Witzbolde zu bedenken, und die meisten Gedanken sind in der Tat nur Formen, sich gesellschaftliche Imperative zu eigen zu machen und sie für eigene Gedanken zu halten und auszugeben.

Ich selber glaube es zu sein, der denkt, aber allzu oft ist es nur die Gesellschaft, die in mir und durch mich hindurch denkt. Wer dieses gedankenlose Denken zurückweist, das sich durch ihn hindurch vollzieht, droht in eine andere Falle zu tappen, nämlich in den Eigensinn, der sich leicht zu dem Wahn versteigt, gegen alle Welt Recht zu haben. Zwischen der Scylla des einsamen Wahns und der Charybdis der gesellschaftlichen Wahrheit muß das eigene Denken hindurchsteuern, wenn es nicht stranden will entweder an Konfusion oder an Konvention. Der Schwache ist am stärksten allein, und selbst die Starken werden in der Gemeinschaft gemeinsam schwach. Ich bin, was ich denke, und daher so frei und so gut wie meine Gedanken – wenn ich nur will. Die Philosophie, die der Arbeitssklave braucht, ist nicht der Materialismus, der kollektive Bedingungen an seine Befreiung knüpft, sondern der Idealismus, der ihn nicht auf seine materielle Lage reduziert, die es gleichwohl genau zu analysieren gilt. „Dasselbe nämlich sind Sein und Denken." Der Spruch des Parmenides läßt sich auch lesen als : Mein Sein ist mein Denken, und das Denken des Seins ist das Sein des Denkers.

Die Hand ersetzt nicht den Kopf, aber das Denken kann gesellschaftliche Aktivität überflüssig machen. Sartres Aktionismus tut keinem Leser weh, sondern kommt nur seiner eingefleischten Neigung entgegen, sich blind in Unternehmungen zu stürzen und zu hoffen, daß ihm dabei die Gründe für diese Happenings schon einfallen werden. Das Denken verhindert nur das unbedachte Handeln, das bereut zu werden pflegt, und aus richtigen Gedanken folgt ganz von selbst ein richtiges Handeln, über das man sich keine Gedanken machen muß. Sage mir, was du denkst, und ich sage dir, wer du bist. Ich denke aus einer Gesinnung heraus, die Kant „Denkungsart" nannte. Die Sonderstellung des Menschen im Kosmos besteht in der Sonderstellung des Kosmos im Menschen, die wir Denken nennen, eine Form des Bewußtseins, die seine Abhängigkeit vom Unbewußten reflektieren und durch Reflexion schrittweise eindämmen sollte.

Denken war auch und gerade den Philosophen bis noch vor einem Jahrhundert das Anthropologikum schlechthin: Der Mensch ist das Wesen, das denken kann, animal rationale, also nur Mensch, soweit er denkt und nicht nur nachdenkt, was ihm vorgedacht und vorgemacht wird. Er hat selber zu denken, aber nach logischen Gesetzen und Regeln, die er dabei nicht neu erfinden muß und darf. Seit offenkundig nicht alle Menschen von dieser Fähigkeit Gebrauch machen und gleichwohl nicht vom Menschsein ausgeschlossen werden sollen, lag es mehr als nahe, das spezifisch Menschliche nicht in einem Vermögen zu suchen, das nur Berufsphilosophen zu beherrschen glauben, sondern in Verhaltensweisen, die auch bei Denkfaulpelzen und Dummköpfen regelmäßig anzutreffen sind, wie etwa die Lachlust, die Teamarbeitswut oder der aufrechte Gang zur eigenen Urne.

Kant sah im Denken nur eine Sache der formalen Logik von möglichen Dingen, Hegel hingegen eine Sache der objektiven Erkenntnis von wirklichen Dingen. Ein Denken, das nicht in sprachlich fixierbaren Gedanken kulminiert und darin zur Ruhe kommt, ist ein bloßes Sinn(ier)en. Für Plato war nicht schon die subjektive Meinung (Doxa), sondern erst die reine Idee ein wirklicher Gedanke. Platonisch an dieser Idee war ihre Weigerung, sich nach realen und konkreten Dingen zu richten. Ein Gedanke ist ein logisch geordneter und kommunizierbarer Einfall, der kein Zufall ist, sondern eine kultivierbare Empfänglichkeit voraussetzt und eine günstige Stimmung. Nicht jeder kommt auf eigene Gedanken, die letztlich immer Auswege aus heiklen Lebenssituationen vorschlagen, aber was da auf Gedanken kommt, ist kein bloßes Naturtalent, das der eine hat und der andere nicht, sondern die Kultivierung einer Disposition und Disziplin. Denken ist reine Verstandestätigkeit und nicht selber jene sinnliche Rezeptivität, die sie allerdings voraussetzt, wie Kant unverlierbar erkannt hatte.

„Denk daran und vergiß das nicht", sagen wir, aber das Gedächtnis ist kein Reservoir von wirklichen, sondern ein Rohstofflager für mögliche Gedanken. Das *Andenken*, das Heidegger meint, ist ein Gedenken und kein Nachdenken, das der Wirklichkeit hinterherdenkt. Präposita zeichnen das Feld des Bedenkenswerten oder des Bedenklichen vor : Wer sich alles Erdenkliche ausdenkt, betont das Innovative der geistigen Erfindung, und wer umdenkt, betont den Richtungswechsel der geistigen Bemühung.

Denken, lateinisch *co(a)gitare*, heißt wörtlich : zusammentreiben, was auseinanderlaufen will, also das Geschiedene (wieder)vereinigen. Der Mensch ist nur frei, soweit seine Gedanken frei sind, über den Rest der Welt hat er nicht halb soviel Macht.

Denken ist die geistige Tätigkeit schlechthin und war das Wesen des Menschen, bevor gedankenlose Menschen die Philosophie okkupierten. Wer nicht denken kann oder es sich leichter machen will und trotzdem Anerkennung als Mensch sucht, findet die Auszeichnung seiner Gattung vor Tieren und Pflanzen z.B. im gesellschaftlichen Handeln oder in anderem geisttötenden Zeitvertreib. Jahrhundertelang war der Mensch Geist vom Geiste Gottes, dann trieb die Aufklärung mit den Geistern den Geist selber aus und entdeckte das Sein, welches das Bewußtsein so bestimmt, daß es zu keinem menschlichen Selbstbewußtsein kommen kann. Marx bestimmte den Arbeiter als einen Menschen, der durch seine Arbeit bestimmt ist, aber genau dazu sollte der Arbeiter sich selber nicht bestimmen. Der *homo oeconomicus* ist ja eine Erfindung von Arbeitstieren, die gern alle Menschen in ihre Fabrikhallen einsperren würden, aber ein jeder Arbeiter, der nachdenkt, wird deshalb nicht Geisteswissenschaftler.

Seit Hegels Tod ist auch die Geistesphilosophie tot. Niemand spricht mehr vom Geist, sondern nur noch von Weingeist oder von Geisteswissenschaften, die sich mit allem Möglichen beschäftigen, nur nicht mit dem Geist, weder mit den Volksgeistern noch mit dem Geist Gottes. Hegels „Weltgeist zu Pferde" wich ja einem ebenso zeitlosen wie geist- und witzlosen Zeitgeist, der nur manipulieren will.

Für Kant war Geist das belebende Prinzip schlechthin. Ein Mann von Geist belebte eine Gesellschaft durch seinen Witz, indem er ihre „produktive Einbildungskraft" durch „ästhetische Ideen" in gesunde Bewegung setzte. Eine Philosophie, die den Geist nicht rehabilitiert, verliert den Menschen an die Naturwissenschaften – oder Schlimmeres. Geist kann heute nicht mehr das Band sein, das die überfragmentierten Einzelwissenschaften noch einmal wieder theologisch oder metaphysisch verklammert. Wer sich von den Naturwissenschaften noch etwas erhofft, schmeichelt sich gern mit der geisteswissenschaftlichen Kompetenz, ihr humane Ziele zu setzen und ihren kapitalistischen Wildwuchs demokratisch zu zivilisieren, aber das ist nicht erst seit dem Ende des Sozialismus obsolet geworden. Faktisch werden die Naturwissenschaften sich noch unabsehbar ausweiten, aber geistig sollte der Industriearbeiter, der ihre technischen Anwendungen betreibt, längst über sie hinaus sein. Geist ist heute eher in der Natur als in deren Wissenschaften zu suchen, aber nun nicht als Waldgeist, sondern als Naturtalent. Er ist nicht das Vermögen der Berechnung und Planung, aber auch nicht die Begeisterung derer, die aus der Not, davon einfach nichts zu verstehen, eine Tugend machen. Geist ist ursprünglich das, was der Kieler Phänomenologe Hermann Schmitz als Wesen des Gefühls beschrieben hat: eine unpersönliche Macht, die den Menschen leibhaftig überwältigt und ihm die Fassung raubt. Über wen der Geist kommt, welcher auch immer, der ist erregt und bewegt und ekstatisch außer sich, aber menschlicher Geist wird auch die Kraft genannt, diesem Er-greifenden durch Be-greifen standzuhalten. Der Mensch hat Geist, heißt es, sofern er den Geist, der ihn leibhaftig ergreift, seinerseits begreift und damit bannt – etwa durch Esprit.

Die geistige Tätigkeit fängt damit an, von Realität sich bestürzen zu lassen und dann sich zu besinnen, um den Sturz abzufangen. Der Geist, der aus einem gewohnten Bezugssystem herausreißt, ist Geist, der in ein neues Bezugssystem eingliedert – in ein und demselben Drahtseilakt, der deshalb wie alles Geistige eine luftige Angelegenheit ist. Was Hermann Schmitz dualistisch als Betroffenheit und Besonnenheit antagonistisch trennt, war im Terminus Geist immer zusammengedacht. Geist ist nicht nur Gedankenklärung, sondern nichts als jene Gefühlsverwirrung selbst, aus der er sich selber befreit. Mein Scharfsinn kann trennen zwischen mir und anderem, aber soweit ich von Sinnen bin, kann ich es nicht, und für Hegel war Geist die Einheit dieser beiden gegenläufigen Tendenzen von Gefühlsverwirrung durch andere und der gedanklichen Distanzierung des anderen. Eine Philosophie des Geistes ist heute nicht deshalb verpönt, weil sie die seit Hegels Enzyklopädie durchemanzipierten empirischen und positivistischen Wissenschaften nicht mehr anders zurückholen kann als unter das Dach der staatlichen Forschungspolitik, sondern weil sie zwei hoffnungslos unzeitgemäße Größen zusammendenken müßte : das Absolute, den Geist Gottes, und jene Menschen, die Geist haben.

Geist ist das, was dem Menschenwitz einfällt, wenn der Geist ihn anfällt. Hebräisch „Ruach", griechisch „Pneuma" wie lateinisch „Spiritus" (spirare) heißt Hauch und Atem. Gott blies dem Lehm Lebensodem ein, der menschlichen Natur seinen Geist. Ein jeder Verfasser von geistigen Werken hat die Fassung zurückgewonnen, wenn der Geist ihn überkommt und ihm die Besinnung rauben will. Also wird Geist durch Geist gebannt und ausgetrieben, und der begreifende Gedanke hat das ergreifende Gefühl nicht unter sich, sondern an sich selber. Die geisteswissenschaftliche Psychologie, die W. Dilthey suchte, ist die Psychoanalyse. Freud würde sagen, der Geist habe den Sinn, etwas vom sinnlichen Unsinn zu retten vor dem „Realitätsprinzip" und dem „Überich", wie der Witz an der Sache nicht nur Unlust vermeiden wolle, sondern die sozialste Art von Lustgewinn sei. Mit der Liebe teilt Geist die Fähigkeit, „Ähnliches im Unähnlichen wahrzunehmen" (Adorno), ohne das Unähnliche im Ähnlichen deshalb zu übersehen. Kurz : Das Wort „Geist" ist so vieldeutig, wie ein guter Aphorismus sein sollte. Der Geistreiche und Geistvolle sieht die nomothetischen Natur- und ideographischen Geisteswissenschaften, ohne sie aufeinander zurückzuführen oder gegeneinander auszuspielen, als getrennte Welten, mit überraschendsten Analogieverbindungen, die er ausbeutet durch sprachliche Fassung eines zufälligen Einfalls, der geistig erfaßt und einfaßt, was fassungslos macht. Geistesgaben warten auf Eingebungen von oben.

Indogermanisch 'gheizd' besagt so viel wie : aufgebracht, erregt, entsetzt sein, herausgesetzt aus dem Üblichen. „Geist ist ... ekstatischer Natur : er setzt aus dem jeweils Gewohnten, Fixierten, Begrenzten, Be- und Gefangensein, so und so Bestimmtsein heraus, befreit von diesen, treibt das, was eingeschlossen, in sich verhaust, in sich be-endet, also endlich ist, über sich hinaus." Geist ist „Herausgerissensein aus Vertrautem, Gewohntem, Erwartetem." (Hartmut Buchner : „Handbuch philosophischer Grundbegriffe", München 1973, Bd. 2, S. 538)

„Un chose qui pense, c'est a dire un esprit." (Descartes, Meditationes II) „Originalität beweisen bedeutet i.a., daß man als Erster auf eine Idee gekommen ist", sagt Freud, und der Aphorismus ist eine originelle Idee in Reinkultur.

Leider spielt bei Schmitz keine Rolle, daß die idealistischen Frühromantiker Novalis und Fr. Schlegel auch die deutschen Frühaphoristiker sind. Was er von der *entfremdeten Subjektivität* der Jenaer Symphilosophen sagt, gilt auch und gerade von ihrem fragmentierten Denken: Nach der kindlichen Geborgenheit des Menschen im Kosmos erreiche Philosophie den Reifeschritt der pubertären „Selbstdarstellung" des Individuums als artistisches Originalgenie. Der in Kant kulminierende transzendentale Subjektivismus wird zur Selbstbestätigung des Jünglings, der seine Individualität in aphoristischen „Ideenparadiesen" (Lichtenberg) schafft und dokumentiert. Kants transzendentale Subjektivität zerfällt nach Fichte in so viele romantische Individuen wie jede Individualität in aphoristische Fragmente. Was die Individuen bis Kant verbindet, ist die allgemeinmenschliche Subjektivität, und was die Fragmente des Künstlerphilosophen verbindet, ist sein persönlich origineller Stil. – Hegel wollte die aphoristisch entfremdete Subjektivität dialektisch wiedereinfangen und überbot die monadisch überfragmentierten Aphorismen durch deren dialektische Systematisierung. Jedes von Heraklits Fragmenten sollte im System seinen objektiven Platz finden wie vormals jeder Mensch seine gottgewollte Stellung im Kosmos. Adorno bewies das Scheitern dieses methodischen Entschärfungsversuchs und rehabilitierte so den Frühromantiker Schlegel gegen dessen Erzfeind Hegel. Eine Strategie, dem Aphorismus die Spitze abzubrechen, ist der Versuch, ihn als Form geistigen Wahnsinns abzutun und die Objektivität der Erkenntnis gegen seine vermeintliche subjektive Willkür zu mobilisieren. Ein solcher Versuch aber verkennt, daß der Aphorismus diese Objektivität der Wissenschaft nicht noch vor sich, sondern längst hinter sich hat.

Nicht zufällig sind auffällig viele Philosophen, die Schmitz als Selbstdarsteller der entfremdeten Subjektivität anführt, aphoristische Fragmentschreiber: Schlegel, Novalis, Nietzsche, Wittgenstein. Aber der Systematiker Schmitz argumentiert an dieser Tatsache, die er wohl eher literaturwissenschaftlich als philosophisch relevant findet, nachtwandlerisch sicher vorbei. Doch es ist philosophisch entscheidend, daß die Subjektivität sich seit etwa 1800 in Deutschland aphoristisch und nicht systematisch entfremdet in unendliche Reflexion der Reflexion 'nach oben' hinein. Wurde das Schweben über den objektiven und affektiven Fakten zur einzig noch erreichbar kulturrevolutionären, geistigen Freiheit, nach dem fatalen Scheitern der bürgerlichen Sozialrevolution?

Fr. Schlegels Freiheit, jedes Einzelne aus sich heraus setzen zu können, erhebt Hegel zur Notwendigkeit des Allgemeinbegriffs, sich selbst zu realisieren, und Schlegels Freiheit, alle Besonderheiten nacheinander vernichten zu können, erhebt Hegel zur Notwendigkeit der Rückkehr des Veräußerten in seinen Begriff. Romantisch existenzialistische Subjektivität ist Freiheit *von* allgemein allem und jedem Einzelnen, aber wenn die „romantische Ironie" sich überschlägt zur Selbstparodie der Selbstparodie und damit in philosophischen Ernst umschlägt, entsteht noch nicht Hegels Sittlichkeitsstaat. Hegels Subjekt als Begriff enthält und entläßt jede mögliche Einzelheit und ist allgemeiner Rückzug aus allen Einzelheiten zugleich : Dialektik ist objektive Ironie, Ironie ist subjektive Dialektik. Ich kann mich in alles hineinverwandeln und aus allem wieder in mich zurückziehen, ich bin in allem involviert und von allem distanziert.

Neu ist nicht die These von Schmitz, daß Hegels Dialektik aus dem Geist der romantischen Ironie geboren ist, neu ist, daß sie keine anderen Eltern haben soll.

Wenn Hegels System aus der Abwehr der deutschen Aphoristik von 1800 entstanden ist und deren Domestikation durch Überbietung darstellt, dann ist jeder Dialektiker ein romantischer Aphoristiker zweiten Grades und wider Willen. Schmitz versteht Nietzsche als „Spätling der Frühromantik", ohne Nietzsches psychologische Aphorismen zu würdigen, und sieht in Wittgenstein einen Dandy, der sich paradox durch Aussparung seiner eigenen Subjektivität darstellt.

Nach Hermann Schmitz geht es den Romantikern um Distanzierung von allen Eigenproduktionen, bei Marx hingegen um Rückführung eines entwendeten Eigentums zum Urheber. Marx und Engels eignen sich ja etwas Gestohlenes wieder an, Schlegel und Novalis ziehen sich umgekehrt von etwas Produziertem wieder selber zurück.– Gegen Hegels Vernunftsystem rehabilitiert Adorno das frühromantische Fragment, das er mit den objektiven Tatsachen des marxistischen Materialismus auflädt, und dazu könnte er auf die naturwissenschaftliche Tradition der Aphoristik zurückgreifen. Hippokrates z.B. war ein Mediziner, Bacon Naturphilosoph, Novalis Bergbauingenieur, Lichtenberg Physiker und Canetti Chemiker. Selbst Nietzsche wollte seine freischwebenden Rollenspiele durch naturwissenschaftlichen Positivismus sicher abstützen.

Nach H. Schmitz hatte Hegels Vernunftsystem das primäre Motiv, Schlegels romantische Ironie in sich 'aufzuheben' : Hegel wollte die Aphorismen aufbewahren, als Aphorismen vernichten und ihren Gehalt auf die höhere Stufe einer vernünftigen Objektivität heben. Im Lichte des naturwissenschaftlichen Positivismus ist Dialektik natürlich selber nur eine Form jener 'entfremdeten Subjektivität', die sie heilen will, indem sie die vermeintlich verrücktspielenden Frühromantiker philiströs zu resozialisieren sucht.

Schon bei Hegel und nicht erst bei Marx kommt das Geistreiche ins Arbeitslager, indem der zersetzende Witz an der Sache in den Dienst 'sozial nützlicher Tätigkeiten' gestellt wird. Marx hatte erkannt, daß Hegels System um nichts objektiver ist als Stirners und Schlegels Subjektivismus, gegen dessen epochale Bedeutung er blind war. Hegel wollte Schlegel zu dem Geist machen, der stets das Böse will und doch das Gute schafft. Adorno, ein Nachzügler aller Frühromantiker, befreite die aphoristischen Individualitäten samt deren materiellen Interessen aus Hegels staatsfrommem Versuch, ihren *frivolen* Anarchismus 'vernünftig' zu reintegrieren.

Inzwischen hat die Aphoristik ihre Neugeburt aus dem Geist der 'entfremdeten Subjektivität' überlebt und sogar die dort distanzierten objektiven Tatsachen längst reintegriert durch Rückgriff auf ihre antischolastisch naturwissenschaftliche Tradition. *Deutscher Idealismus* ist über die Frühromantik zur Philosophie der aphoristischen Frag-Mentalität geworden.

Nicht nur seine Rollenspiele, sondern auch seine psychologischen Aphorismen machen Nietzsche zu einem Epigonen der Frühromantik. Schmitz übersieht, daß bei Fichte zwar zum erstenmal das Wesen des Menschen zur Subjektivität-nur-für-mich wird, daß diese „Jemeinigkeit" (Heidegger) seit Schlegel aber die Originalität des Künstlers ist, der mehr kann und weiß als andere. Nach Fichte kann jeder sich selbst bestimmen und über alle Bestimmungen auch wieder hinaus sein; Hegel demokratisiert, was bei Fichte und Schlegel nur einige Gebildete verstehen, sofern sie „intellektuelle Anschauung" oder eben Aphoristik betreiben. Hegel sieht in der romantischen Ironie, alles ergreifen und alles fahrenlassen zu können, ein Pandämonium von Negativität: 1) Dünkelhafte Eitelkeit, alles Objektive eitel zu nennen 2) Anarchistische Willkür im Umgang mit objektiven Tatsachen 3) Zum Wahnsinn getriebener Eigensinn 4) Das Frivole und Böse schlechthin. Schlegels 'Ironie der Ironie' mißversteht Hegel als geistigen Selbstmord, der in sittlichen Dienst an Volk und Vaterland umschlagen müsse.

Die Urobjekte des Subjekts sind keine Projekte, wie Sartre sagt, sondern Affekte. Was das Ich primär bestimmt, sind keine Dinge, sondern Stimm(ung)en: Freude erhebt mich, Kummer bedrückt mich, Sehnsucht zieht mich in ferne Räume und Zeiten, die Wollust entspannt meine Unlustspannung, Angst und Schrecken treiben mich in leibliche Enge, die das Weite sucht. Das Gefühl ist kein Zustand und Gegenstand des Ich, sondern der Gedanke begreift, wie das Gefühl mich er-greift oder eben nicht. Eine Furcht beschleicht mich nicht anders, als ein Gegenstand mich affiziert oder ein Ereignis mich beeindruckt. Das Ich drückt seine Eindrücke aus und ist primär das, was von Gefühlen ergriffen wird, nicht das, was Gegenstände begreift. Wer sich von Objekten und Affekten gleichermaßen distanziert, um das Ich von allem Nicht-Ich zu reinigen, ist ein potentieller Neurotiker, der subjektive Tatsachen verdrängt, und ein potentieller Psychotiker, der objektive Tatsachen verleugnet. Im Aphorismus zündet unlösbare Spannung zwischen subjektiv und objektiv.

Wirklichkeit gibt es sich in seinem Werk, das ihm seinen Wert anzeigt, und das Subjekt muß sich und sein Affiziertsein objektivieren, um Subjekt zu werden. Künstler und Werk sind nicht nur verbunden durch die „Kausalität der Natur", sondern auch durch

„Causalität aus Freiheit", also aus dem Vermögen, eine Reihe neuer Erscheinungen, wie Kant formuliert, von sich aus spontan anzufangen. Freiheit ist nicht nur eine regulative Idee der praktischen Vernunft, sondern auch „ästhetische Idee" der Einbildungskraft. Freiheit, die Sartre dem Menschen in jeder Sekunde unterstellt, damit er sich nicht auf Gott oder Natur oder höhere Werte berufen könne, ist eigentlich die Freiheit des Künstlers, Urheber seines Werkes zu sein, um nicht Objekt seiner eigenen Naturtalente sein zu müssen. „Der Ekel" und „Saint Genet“ von Sartre zeigen den Künstler als Prototyp des freien Menschen. Mancher will und kann nicht : Ich bin nicht wirklich willensfrei, aber gleichsam *könnensfrei.* – Meine „Kunstfreiheit" ist Philosophie des Geistes, den ich habe, sofern ich Sub-jektum bin und nicht Sub-jektor, also meinen Affekten unterworfen und nicht Herr meiner unwillkürlichen Gefühle. Die Naturphilosophie dagegen ist das Berufen auf meine Naturtalente, wenn es um den Urheber meiner Werke geht. Sartres Existenzialismus ist die Philosophie der künstlerischen Freiheit. Frei sein heißt für Sartre primär, der Verfasser seiner Werke zu sein. Was sie hervorbringt, ist nicht die Mitgift seiner Anlagen, sondern „ich" sei eher das, was diese Talente zu Talenten und zu meinen Talenten mache. Ich habe überhaupt keine latenten Vermögen, bevor ich sie realisiere, sondern sei nichts als meine eigenen Werke. Aber der Mensch ist Ebenbild Gottes, sofern er eine eigene Welt schaffen kann, wenn auch nur eine imaginäre auf Papier oder Leinwand oder in Tönen. Er ist das schöpferische Geschöpf eines unerschaffenen Schöpfers. Sartre überträgt, obwohl er ihn einen mißlungenen Gottwerdungsversuch nennt, die Aseität Gottes auf den Menschen, der also eher Durch-mich-sein als Für-mich-sein hieße.

Die Philo-Sophie ist nur noch Liebe zur Weisheit, seit sie kein Wissen mehr ist von der „Stellung des Menschen im Kosmos" (Max Scheler), seit er nicht mehr weiß, wie wenig er bewegen kann, *daß* er vom Kosmos bewegt wird. Glanz und Elend europäischer Philosophie ist großartig einseitiger Subjektivismus, rationalistisch bis Leibniz, transzendental seit Kant, irrealistisch bei den deutschen Idealisten, aktivistisch seit Marx, voluntaristisch von Schopenhauer bis zu Nietzsche, existenzialistisch von Heidegger bis Sartre, postmodern bei Foucault bis Derrida, und H. Schmitz vollendete diese Geschichte abendländischer Subjektivität durch eine affektivistische Korrektur des naturwissenschaftlichen Totalitarismus, aber er vergißt die eine Sonne am Tage über den vielen bunten Dingen und nachts die vielen Sterne in der einen Dunkelheit : das Vernunftgesetz in mir und den gestirnten Himmel über mir.

Die Kehrseite des Himmels, die Heidegger „Lichtung des Seins" nannte, läßt sich finden in der Enge des Geburtsortes, aber niemals in der Enge eines Büros. Es kommt nicht darauf an, das Dach des Hauses zu seinem Himmel zu machen, sondern das Sternenzelt zu seinem Dach überm Kopf, und auf beiden Beinen zu stehen, indem man sie in die Hand nimmt, um Fersengeld zu zahlen statt zu horten. Der Sklave braucht keine Beschäftigungstherapie, um nicht auf gute Gedanken zu kommen. Wer sich von der Existenzangst nicht terrorisieren läßt und den Fleischtöpfen Ägyptens den Rücken zu kehren wagt, läuft nie der Polizei in die Arme, die ihn ans Fließband zurückschleppt, sondern seiner göttlichen Bestimmung entgegen, die ihn in sein Paradies hineinwinkt, die Kultur. Wer jemandem etwas stiehlt, stiehlt es immer einem Dieb und ist doch selber einer. Der Sklave ist das Eigentum, das er nicht hat, das Eigentum eines Herrn, der nicht wahrhaben will, zusammen mit seinem Sklaven die Sklaven Gottes zu sein. Alles menschliche Eigentum ist ursprünglich dem Schöpfer gestohlen, nicht dem Mitmenschen. Ein Mensch, der Gottes Diener zu eigenen Dienern macht, maßt sich Gottes Rechte an, und auf eigenen Füßen stehen gegen die Ansässigen aufsässige Sklaven, wenn sie die Beine in die Hände nehmen, um ihren Herren zu entlaufen aus Arbeitsplatzangst. Macht euren Dreck alleene weg!

Monologische Plaisanterien des Gerontius

Lebt viel unbeschwerter,
wer weniger wichtig nimmt?

Tradition war die Jugend,
Veralten ist die Zukunft.

Gottesstrafe? Es rächt sich nur,
Naturgesetze zu missachten.

Ist es am Ende Pech zu glauben,
alles ende glücklicher als anzufangen?

Vorhandenes nimmt überhand
und ist zur Hand, doch deshalb überhaupt
noch nicht erfasst und begriffen.

Kommunikation : Mit wem verständige
ich mich über wen oder was gegen wen?

Offen Rechtskonservative riskieren,
offen Linksliberale fördern damit
Ruf und Karriere heute.

Wer keine Sorgen hat, macht sich Gedanken,
doch wer nicht denkt, der sorgt sich nicht.

Heideggers Descartes : Ich denke an mein
Sein, *also bin ich* wenigstens in Gedanken.

Hängt der Unabhängige am Galgenstrick
oder seidenen Faden?

Wer durch Streiks etwas erreichen könnte,
hat keinen überflüssigen Beruf.

Die moderne Freiheit: der ideale Kerker. Die ideale Freiheit: lebenslange Haft in der Gnade.

Leben heißt für kurze Zeit immer wieder
neu erleben, das Ableben belebend
oder verlebt zu überleben.

Hegel : Scheidet alttestamentarischer Verstand, was neutestamentarische Vernunft verheiratet, oder vereint die gesamtdeutsche Vernunft, was der AT-Verstand trennt?

Mit vielen Kleinen gegen einen Großen, mit vielen Großtuern gegen jeden Kleinzelnen?

„Akkord und Sport sind Mord“: ein gutes Wort, denn durch Sport wurden mehr Leute mit 30 invalide als gesund, um die restlichen 50 Jahre Versehrtensport zu treiben
mit Versehrtenrente.

Machte er an seiner Frau da wieder gut, was er seiner Mutter angetan zu haben glaubte?

Überschreibe dein Schweigen nur
dem verschwiegensten Schreiben!

Jeder Satz übers Leben ist ein Satz
übers Leben hinaus und hinweg.

Eine Ameise mit Bienenfleiß hat eine Meise.

Naturreservate vernichten, was sie retten wollen, durch die Art, es ein letztes Mal vorm Ende zu genießen und zu erforschen.

Der Witz ist fromm, er transzendiert irdische Notlagen schlagartig auf ewige Seligkeit hin.

Im Ahnenkult von Göbekli Tepe verehrten Ackerbauern ihre nomadischen Vorfahren, da der Rückweg ins Paradies verbaut war.

Wie sterben die Toten,
wo Geborene nie leben?

Realisten werden bestraft
durch Fiaskos von Idealisten.

Man fürchtet lebenslang tausend Todesarten und erlebt meist nur eine ganz kurz.

Geht man zu weit, wenn man sagt, *Popmusik* sei ein Angstschrei nach brutwarmen Kollektiven und kein frischfröhliches Volkslied?

Wenig hilft wenig, doch viel noch weniger.

Du durchschaust dich selber nicht ganz,
weil du nicht ganz die Menschen durchschaust,
die in deiner Seele verinnerlicht sind.

Rede mir nie ins Gewissen,
wenn du ein schlechtes hast!

Du bist unverbesserlich.
Doch das könnte sich verschlimmern.

Der Herr sagt vergebens : Leide!
Der Knecht sagt vergeblich : Quäl mich!

Zur Vollkommenheit von Platons Ideen
gehört es, dass sie nicht existieren.

Ethik : Egoismus demütiger Selbstvervollkommnung,
nicht Narzißmus stolzer Selbstverleugnung.

Sys-thematisieren. Zweifellos gibt es ein weltfremd verknöchertes Kanzlei- und auch Juristendeutsch, wie man alles übertreiben kann, doch im Gegensatz zur Überzeugung vieler Zeitgenossen ist ein Deutsch nicht schon darum ungenügend, weil es die geschmeidige Präzision juristischer Di(stin)ktionen zum Vorbild hat.

Manche Bücher können weder mit allgemeiner noch unmittelbarer Zustimmung rechnen, sondern mit Einzellesern, die ehrlich genug sind, daß sie unfreiwillig zugeben, es sei ja wohl etwas daran, und sich dann gleichsam zähneknirschend geschlagen geben, ohne den Autor je zu lieben.

Die Kausalität der Kausalität? Die Ur(ur)sache einer Ursache scheint nicht dasselbe wie die Ursache dafür, *daß* aus dieser Ursache jene Wirkung folgt, also nicht dasselbe wie die Ursache des ganzen Bedingungsverhältnisses selbst.

Nur Sklavenhalter sprechen Abtreiber frei.

Wer einen Gesichtspunkt ins Auge faßt,
braucht keinen Blickwinkel.

Der ganze David Hume, Kausalitätszwang sei nur assoziative Angewohnheit, steckt schon im angelsächsisch "Brauchbaren" : B "braucht" *aus* A nicht zu folgen, aber diese Folge von B *auf A* war eben immer so der "Brauch".

Was für den Willen nur kaltes Licht,
ist für das Wissen dunkle Wärme.

Nur *eine* Philosophie bringt um den gesunden Menschenverstand, das ist die Philosophie des common sense, „ ... weil alle philosophischen Probleme tendenziell zu Paradoxa werden."

Daß menschlicher Wille frei ist, folgt mit logischer Konsequenz und in vollem Determinismus aus der Würde der gottgeschaffenen Seele.

Um den Atomen, aus denen er besteht, ganz gerecht zu werden, darf und muß einer schon ungestraft aufhören, dieser Mensch zu sein.

Optimisten und Pessimisten lassen die Welt, wie sie ist, die einen, weil sie nicht besser sein könne, die anderen, weil sie sich nicht bessern lasse.

Es heißt, daß Religion und Philosophie es sich viel zu leicht machen in einer wissenschaftlichen Welt. In Wirklichkeit werden sie vernachlässigt, nicht weil sie den Fortschrittlichen zu veraltet, sondern den Faulpelzen zu anstrengend sind.

Apokatastasis. – Ändere deine transzendental erschaffene Welt, nie die transzendent gegebene.

Die Heilsgeschichte ist der planlose Versuch menschlicher Zukunftspläne, Gottes Schlacht- und Angriffspläne zu *durchkreuzen.*

Die Menschen müssen nicht lebenslänglich Gottes Schöpfung verbessern, sondern deren versuchte Überbietung durch eigene Schöpfungen.

Die Reichen sind verantwortlich für das, was sie uns antun, aber wir nicht verantwortlich für das, was wir von ihnen erleiden, heißt es. In Wahrheit könnten beide schuldig werden, an ihrer und an unserer Lage, aber sie könnten einander gar nicht vergeben, sondern müßten sich lossprechen lassen vom Wort, das Fleisch wurde und/oder väterliches Machtwort blieb.

Synthese reduziert sich darauf, daß entweder die These oder die Antithese sich aufhebt, weil ein neues Gegensatzpaar auftaucht.

Christentum ist der Unterschied, ob jeder unschuldig oder entschuldigt ist. Wer nicht stolz ist auf Gottes Heldentaten und nicht gedemütigt durch eigene Erfolge, gehört wohl kaum dazu.

Wenn ich übereinstimmen will mit anderen,
die zugleich mit mir übereinstimmen sollen,
entsteht die gute Gesellschaft, aber wenn
so viele Leute mehr wie weniger wert sind
als ihre gesellschaftliche Stellung,
entsteht noch keine menschliche Geschichte.

Strukturalismus besagt, daß die Ausnahme die Regel eher bestätigt als widerlegt. – (Wer die Ausnahme von der Regel sein möchte, darf kein Individualist sein.) – Die Regel widerlegt nicht die Ausnahme, und nur die Regel bestätigt die Ausnahme, aber ohne aufzuhören, die Regel zu sein.

Wir halten uns für gleich, um uns nicht zu erschrecken und zu beneiden, und für ungleich, um uns nie anöden und überflügeln zu müssen.

Das Walten der Natur und des Schicksals
wird natürlich geschickt verwaltet.

Wer heutige Avantgarde schon als künftigen Kitsch sehen kann, gilt leicht als Avangardist.

Ist Dienst an der Gemeinschaft ein Dienst am Egoismus aller Mitglieder?

Wer jede Voraussetzung als Schlußfolgerung und jede Konsequenz als Prämisse nimmt, will Denken in keinem Gedanken zu Ende bringen.

Beherrsche ich schon den, der mich nur mit meinen eigenen Waffen schlagen kann?

Christentum ist keine Autoimmunkrankheit: Christen können mein und dein unterscheiden.

Staaten sind säkularisiert, doch Christen nicht enteignet.

Man will sich Zusammenhängen einordnen, nicht Abhängigen und Unabhängigen unterordnen, aber gibt es das eine ohne das andere?

Christentum ist der Unterschied, ob jeder unschuldig oder entschuldigt ist. Wer nicht stolz ist auf Gottes Heldentaten und nicht gedemütigt durch eigene Erfolge, gehört wohl kaum dazu.

Der Herr ist für den Himmel nicht zu gut,
der Teufel für die Hölle nicht zu schlecht.

Sadisten tun Masochisten nicht den Gefallen, sie zu quälen, diese jenen nicht den Gefallen, unter ihnen zu leiden.

„Ubw“? „Erkenne dich selbst“, also auch die Leute, die seit der Kindheit in dir weiterleben. Ich hatte Haare auf Beißring und Zahnersatz.

Vorstellungen sind uns das, was ist,
Dinge an sich sind das, was sein soll.

Der Aphorismus entlarvt keinen Lug und Trug, sondern ein ganzes System dummer Fehler.

Kleiner Preis, großer Lohn : Wer edel sein will, kalkuliert seine Opfergaben.

Kants Unterscheidung von *Erscheinung* und *Ding an sich* ist, was er verkannte, selbst nur Erscheinung. Seine eigene Transzendentalphilosophie ist selber transzendental konstruiert und diese „Metaphysik des Subjekts“ eine subjektive Veranstaltung. Dass die subjektive Erscheinung nicht bloßer Schein, sondern Vorschein eines objektiven Seins ist, könnte ja selber eine nur subjektive Einbildung darstellen. *Daß* alles Nützliche die bloß subjektive Erscheinung eines übersinnlich Zwecklosen bildet, erfüllt selber nützliche Zwecke, aber diese ganze pragmatische Nützlichkeit wird selber nutzlos, wo alle Mittel(beschaffungen) zu Selbstzwecken geworden sind. – Wenn Kants „Ding an sich“ nicht von Menschen geschaffen ist, dann vielleicht von einem überlegenen Intellekt, der die Menschheit geschaffen hat, deren Verstand ihn unvollkommen nachahmt. „Phänomene" bilden die Welt, wie sie dem Allmächtigen *nicht* erscheint und wie er sie *nicht* erschaffen hat, sondern seinem menschlichen Ebenbild gnädig und fordernd überlässt.

Sekundärliteratur zum Aphorismus

Gerhard Neumann (Hg.): „Der Aphorismus. Zur Geschichte, zu den Formen und Möglichkeiten einer literarischen Gattung", Darmstadt 1976

„Ideenparadiese. Untersuchungen zur Aphoristik von Lichtenberg, Novalis, Friedrich Schlegel und Goethe", München 1976

Peter Krupka: „Der polnische Aphorismus", München 1976

Hans Peter Balmer: „Philosophie der menschlichen Dinge. Die europäische Moralistik", Bern 1981

Harald Fricke: „Aphorismus", Stuttgart 1984

Gisela Febel: „Aphoristik in Deutschland und Frankreich", Frankfurt/Main 1985

Klaus von Welser: "Die Sprache des Aphorismus", Frankfurt/M. 1986

Heinz Krüger: „Über den Aphorismus als philosophische Form", Frankfurt/M. 1988

Werner Helmich: „Der moderne französische Aphorismus", Tübingen 1991

Stefan Fedler: „Der Aphorismus. Begriffsspiel zwischen Philosophie und Poesie“, Stuttgart 1992

Paul Geyer / Roland Hagenbüchle: „Das Paradox“, Tübingen 1992, Würzburg 2002²

Thomas Stölzel: „Rohe und polierte Gedanken. Studien zur Wirkungsweise aphoristischer Texte“, Freiburg 1998

Lada Lubimova: „Struktur und Funktion des Aphorismus : eine textlinguistische Studie“, Bremen 1998

Robert Zimmer: „Die europäischen Moralisten“, Hamburg 1999

Michael Esders: „Begriffs-Gesten. Philosophie als Kurze Prosa von Friedrich Schlegel bis Adorno“, Frankfurt/Main 2000

Rüdiger Zymner: „Aphorismus“, In: Kleine literarische Formen in Einzeldarstellungen, Stuttgart 2002

Friedemann Spicker: „Kurze Geschichte des deutschen Aphorismus“, Tübingen 2007

„Die Welt ist voller Sprüche. Große Aphoristiker im Porträt“, Bochum 2010

Andreas Egert: „Der Fall Aphorismus. Zur Genese und Aktualität einer Gattung“, Dresden 2015